すべては導かれている

逆境を越え、人生を拓く　五つの覚悟

田坂広志

PHP文庫

○本表紙図柄＝ロゼッタ・ストーン（大英博物館蔵）
○本表紙デザイン＋紋章＝上田晃郷

すべては導かれている　目次

はじめに

いま、逆境の中にある、あなたへ

逆境を越える「究極の言葉」

この本を手に取ってくださった、あなた。
あなたは、いま、逆境の中にあるのでしょうか。

日々の仕事での苦労、
貧しい生活での困難、
挑戦した事業での失敗、
競争社会における敗北、
抱いた夢が破れた挫折、

愛する人を失った喪失、
医者も救えない重い病気、
人生を損ねるほどの事故。

そうした苦労や困難、失敗や敗北、
挫折や喪失、病気や事故などの逆境。
その中で悩まれ、苦しまれ、
どうすれば、その逆境を越えることができるかの答えを求め、
この本を手にされたのでしょうか。

もし、そうであるならば、
私が、本書を通じて、あなたに伝えて差し上げたいことは、
ただ一つです。

それがいかなる逆境であろうとも、
その逆境を越える、究極の言葉があります。

すべては導かれている

その言葉です。

もし、あなたが、その言葉を、心の中で唱えるならば、
その瞬間から、何かが変わり始めます。

もし、あなたが、その言葉を、正しいと感じたならば、
その瞬間から、何かが大きく変わり始めます。

もし、あなたが、その言葉を、心の中で、
一つの「覚悟」として定めたならば、
その瞬間から、人生の風景が変わります。
そして、心の奥深くから、
目の前の逆境を越えていくための
力と叡智が湧き上がってきます。

では、「すべては導かれている」とは、いかなる意味か。

それは、

我々の人生は、
有り難い「順境」だけでなく、
様々な「逆境」も含め、
すべては、大いなる何かに導かれている。

「幸運に見える出来事」だけでなく、
「不運に見える出来事」も含め、
すべては、我々に良き人生を送らせるための
大いなる何かの導きである。

その意味です。

優れた先人たちが信じたもの

しかし、こう述べると、あなたの心の中には、一つの疑問が浮かぶかもしれません。

「我々の人生を導く『大いなる何か』など、存在するのだろうか」

もとより、現代の最先端科学によっても、そうしたものが存在するか、存在しないかは、証明できない。

ただ、一つ言えることがあります。

人類の永い歴史を振り返るならば、
優れた先人たちは、その存在を「信じて」いた。

ときに「信念」という形で、
ときに「信仰」という形で、
その存在を「信じて」いた。

そして、その「信じる」ことによって、
自らの中に眠る力と叡智を引き出し、
人間としての可能性を開花させ、
逆境を乗り越え、人生を拓いてきた。

我々は、その先人たちの歩みを、見つめるべきでしょう。

人類数千年の歴史を振り返るならば、時代を超え、国を越え、
無数の人々が、「神」や「仏」、「天」といった言葉で、
「大いなる何か」の存在を信じ続けてきました。

そうした人々の中でも、特に、
困難な人生を歩み、多くの逆境を越え、人生を拓いてきた
優れた先人たちは、
政治家、経営者、学者、文化人、芸術家、運動競技者など、
歩んできた道は様々であっても、実は、一つの信念を持っていました。

それが、

「自分の人生は、大いなる何かに導かれている」

という信念です。

それは、言葉にして語るか、語らないかの違いはあっても、
それらの先人たち誰もが、心中深く抱いていた信念です。
いや、ときに、それは、信念を超え、信仰と呼ぶべきものでした。

例えば、私が若き日に薫陶を受けた、ある経営者。
かつて、大手都市銀行の頭取を務め、
世界的な賞、「バンカー・オブ・ザ・イヤー」を受賞したその人物は、
太平洋戦争において、巡洋艦に水兵として乗っていたとき、
その船が敵機の空襲で撃沈され、波間に浮かんでいたところを、
奇跡的に味方の船に救助され、九死に一生を得たという体験を持っていました。

この経営者が、あるとき、ぽつりと語った言葉が、いまも心に残っています。

「人間は、生かされているからね……」

また、見事な才覚で、幾つもの事業を興し、
巨大な企業グループにまで育て上げた、ある辣腕の経営者も、
あらゆる努力をしたにもかかわらず、
ある事業が壁に突き当たり、軌道に乗らなかったとき、
こう語りました。

「この事業が、これほど努力してうまくいかないのは、
やはり、天命ではないのだね……」

そして、こうした「大いなる何かに導かれている」という感覚は、
決して、経営者だけが持つものではありません。

例えば、版画家としての道を歩んだ棟方志功もまた、
次の言葉を残しています。

「我が業は、我が為すにあらず」

この言葉の後に続く棟方志功の思いは、
「我が業は、大いなる何かが為す業」という思いであったのでしょう。

そして、我が国における先人たちの多くは、

「自分の人生は、大いなる何かに導かれている」という信念や覚悟を、
しばしば、次のような言葉で語っています。

「天命」「天の声」「天の導き」「天の配剤」
「神仏の加護」「仏の御心」……

五つの覚悟、三つの変化

従って、この先人たちのように、もし、あなたが、
「すべては導かれている」ということを、
一つの覚悟として定めるならば、
その瞬間から、人生の風景が変わります。
そして、心の奥深くから、
目の前の逆境を越えていくための力と叡智が湧き上がってきます。

では、「覚悟を定める」とは、何か。

それは、「心に思い定め、深く信じる」ということ。
それが、「覚悟を定める」ということです。

もとより、誰の心の中にも、「迷い」はあります。
それは、優れた先人たちの心の中にもあったでしょう。

しかし、その先人たちは、「迷い」を超え、
「すべては導かれている」ということを、
心に思い定め、深く信じた。
そう覚悟を定めた。

そして、自らの中に眠る力と叡智を引き出し、
人間としての可能性を開花させ、
逆境を越え、人生を拓いていった。

同様に、あなたが、その逆境において、

この「すべては導かれている」という覚悟を定めるならば、
その瞬間から、何かが変わり始めます。

では、何が変わるのか。

「三つの変化」が起こります。

第一に、日々の仕事や生活において起こる出来事を見つめるとき、
その「意味」が、全く違って見えてきます。
その「意味」が、極めて肯定的に見えるようになってきます。
それが、「人生の風景が変わる」と申し上げた意味です。

第二に、目の前に立ち塞がる逆境を見つめるとき、
その逆境に向き合う「勇気」が湧き上がってきます。
その逆境に向き合う「気魄」が湧き上がってきます。
それが、「力が湧き上がる」と申し上げた意味です。

第三に、目の前に立ち塞がる逆境に向き合うとき、
その逆境を越えるための「直観」が閃くようになります。
その逆境を越えるための「運気」を引き寄せるようになります。
それが、「叡智が湧き上がる」と申し上げた意味です。

もし、あなたが、逆境において、
「すべては導かれている」という覚悟を定めるならば、
この「三つの変化」が起こります。
そして、特に、「直観」や「運気」という点では、
想像を超えたことが起こり始めます。
不思議なことが起こり始めます。

では、この「すべては導かれている」という覚悟を、
どのように定めれば良いのか。

本書では、その覚悟を定めるための方法を、
具体的な「こころの技法」として述べていきましょう。
それは、次の「五つの覚悟」を、順に、心に定めていくことです。

第一の覚悟　自分の人生は、大いなる何かに導かれている

第二の覚悟　人生で起こること、すべて、深い意味がある

第三の覚悟　人生における問題、すべて、自分に原因がある

第四の覚悟　大いなる何かが、自分を育てようとしている

第五の覚悟　逆境を越える叡智は、すべて、与えられる

この「五つの覚悟」を定めることができるならば、我々は、必ず、

いかなる人生の逆境においても、それを越えていけます。
どのような厳しい逆境が与えられても、人生を拓いていけます。

私も、三八年前、生死の境の病という最悪の逆境が与えられ、
その奈落の底において、
「すべては導かれている」との覚悟を摑みました。
そして、「五つの覚悟」を定めました。

すると、その瞬間から、人生の風景が変わったのです。
そして、心の奥深くから、
その病を超えていく生命力が湧き上がってきたのです。

そして、病を超えただけでなく、
自分の中に眠っていた様々な可能性が開花し始めたのです。

そして、さらに、人生において、

想像を超えたことが起こり始めたのです。
不思議なことが起こり始めたのです。

そこで、次に、その私の体験について、話しましょう。

序話　あなたの中に眠る、不思議な力と叡智

生死の狭間の逆境

一九八三年の夏、私は、救いの無い逆境の中にありました。
医者から伝えられた致命的な病気。
もうそれほど長くは生きられないだろうとの診断。
現代の最先端医学でも、命を助けてもらえないとの絶望感。
自分の命が、刻々と失われていく恐怖。
人生の底が抜けたような感覚。

「悪夢」という言葉が生易しい言葉に思える日々。
なぜなら、それが「悪夢」ならば、どれほど恐ろしい夢でも、
目が覚めれば、その夢は消えていく。
しかし、現実は、全く逆。
寝ている間は、その病気を忘れていることができる。
しかし、目が覚めれば、その死に至る病が現実。
深夜に目が覚め、目の前に迫ってくる死の恐怖に、
押しつぶされそうになる日々。

それは、文字通り、地獄のような日々でした。

しかし、あれから三八年を経て、私は、こうして生きている。
いや、生きているだけではない。
生命力に溢れ、希望に満ちた精神を持って、
日々、働き甲斐のある仕事に取り組んでいる。

この三八年を振り返るならば、
重い病気を抱えながらも、その逆境の中にありながらも、
輝いて生きてくることができた。

その逆境に押しつぶされることなく、
むしろ、その逆境を糧として、心の成長の道を歩み、
自分の中の可能性を開花させ、人生を拓いてくることができた。

そして、いつか気がつけば、病気も去っていった。

だから、あなたに伝えたいのです。
我々は、たとえ生死の狭間の逆境にあっても、越えていけることを。
我々は、どのような逆境にあろうとも、越えていけることを。

一人の禅師との出会い

しかし、いま振り返れば、

三八年前、あの病気が与えられたとき、私は、

「どうしてこんな病気になってしまったのか」という後悔と

「これから、この病気はどうなっていくのか」という不安に

苛まれる日々を送っていました。

そして、

その後悔や不安に押しつぶされないようにするだけで

精一杯の日々を過ごしていました。

では、どのようにして、

私は、その逆境を越えることができたのか。

一人の禅師に出会ったからです。

医者にも救ってもらえないという絶望的な状況の中で、

両親から、ある禅寺に行くことを勧められました。

その禅寺は、難病を抱えた人々が行き、
そこで、何かを摑み、その病を克服して戻ってくるという
不思議な場所だとのことでした。

最初は「そんな怪しげな場所など……」と心で拒絶していた私でしたが、
病の症状が悪化してくるにつれて、その辛さと心細さから、ついに、
藁にもすがる思いで「行ってみようか……」という心境になりました。

しかし、その禅寺に行ってみると、
内心、期待していたような特殊な治療法など、
全くありませんでした。

その寺で与えられたのは、ただ、献労の日々。
毎日、鋤や鍬を持って畑を耕す労働の日々でした。

しかし、その禅寺を訪れ、献労の日々を送って、ようやく九日目、
その寺の禅師と接見の機会が与えられたのです。

夜、長い廊下を歩いて、その禅師との接見の部屋に向かう。

二人きりでの対面。
「どうなさった」と訊く禅師。

思わず、思いが溢れ、堰を切ったように、自分の病気のことを語りました。
病気のこと、医者の診断のこと、医学では救われないこと、
そして、救いを求めてこの寺に来たこと。
堰を切ったように、その思いを語りました。

しかし、その私の思いに対して
禅師が語った言葉は、耳を疑う言葉でした。

それは、私が期待したような、
何か不思議な力を持って、
私を励ましてくれる言葉でもなければ、
私の心を癒してくれる言葉でもありませんでした。

その禅師が語った言葉は、ただ一言。

「そうか、もう命は長くないか……」

救いを求めるように頷く、私。

禅師は、その言葉に続いて、
腹の据わった声で、こう言いました。

「だがな、一つだけ言っておく。
人間、死ぬまで、命はあるんだよ！」

一瞬、何と当たり前のことを、と思いました。
そして、だから何なのか、と思いました。

しかし、その私の戸惑いに構わず、
禅師は、その言葉に続き、
もう一つの言葉を、静かに、しかし、力強く語り、
その接見を終えました。

短い接見でした。
しかし、その接見を終え、禅師の言葉に戸惑いながら
夜の廊下を帰ってくるとき、
突如、その禅師の語る言葉の意味が、心に突き刺さってきました。

たしかに、禅師の言う通りだったのです。

人間、死ぬまで、命はある。

それにもかかわらず、自分は、もう死んでいた。
この病の不安と恐怖に押しつぶされ、自分の心は、もう死んでいた。

毎日、毎日、
「どうしてこんな病気になってしまったのか」という後悔と
「これから、この病気はどうなっていくのか」という不安に
人生の時間と、精神のエネルギーを費やし、
かけがえのない一日を、生きてはいなかった。

そのとき、この禅師が語ってくれたもう一つの言葉が、
力強い響きを持って、心に蘇ってきました。

過去は、無い
未来も、無い

有るのは
永遠に続く
いま、だけだ

いまを、生きよ！
いまを、生き切れ！

接見の最後に禅師が語ったこの言葉。
それが、心に突き刺さってきたのです。

たしかに、その通り。

この病が与えられてからの自分は、
過去を悔いることと、未来を憂うることに、
かけがえのない時間と精神を費やし、
いまを、生きてはいなかった。

しかし、そのことに気がついた瞬間から、
私の人生が変わりました。

このとき、私は、思い定めたのです。

ああ、この病で、
明日《あす》死のうが、明後日《あさって》死のうが、構わない。
それは、仕方ない。
それが、天の与える寿命であるならば、仕方ない。

しかし、この病のために、
今日という一日を失うことは、絶対に、しない。
この病への後悔と不安で、
今日という一日を損なうことは、絶対に、しない。
与えられた今日という一日を、精一杯に生きよう。
この一日を、精一杯に生き切ろう。

そう思い定めたのです。

病を超えた瞬間

そして、この瞬間、私は、病を超えたのです。
それは、病が消えた、病が治った、という意味ではありません。
病に心が縛られている状態を超えた、という意味です。

病の症状そのものは、それから十年の歳月、続きました。
しかし、この日から、私は、
目の前に与えられたかけがえのない一日を
「生き切る」覚悟を定めたのです。

過去は無い、未来も無い
有るのは、永遠に続く、いま、だけだ
いまを、生きよ！　いまを、生き切れ！

この言葉を心に定め、
この一瞬を生き切ることに決めたのです。

しかし、そうして「いまを生き切る」という覚悟で
与えられた一日一日を精一杯に生きていると、
不思議なことに、
心の奥深くから生命力が湧き上がってきたのです。

そして、その生命力が勝《まさ》ったのでしょうか。
いつか、病は消えていきました。

いや、そればかりではない。
なぜか、自分の中に眠っていた可能性が、開花し始めたのです。
才能と呼ぶべきものが、開花し始めたのです。

そして、想像もしていなかったことですが、
物事を判断する「直観」が鋭くなり、
人生の様々な場面で「運気」を引き寄せるようになったのです。

その体験については、これから「五つの覚悟」の定め方とともに、
順を追って話していきましょう。

ただ、その前に、私が本書を通じて、あなたに伝えたい
最も大切なことを申し上げておきます。

あなたは、自分の心の奥深くに眠っている
素晴らしい力と叡智に気がついているでしょうか。

いま、あなたは、目の前の逆境に目を奪われているかもしれない。
そして、解決策の無い状況、救いの無い状況の中で、
自分の無力さに打ちひしがれているかもしれない。

しかし、あなたの中には、
あなたが想像もできないほどの、
素晴らしい力と叡智が眠っています。

そして、ひとたび、あなたが、
「いまを生き切る」という覚悟を定め、
「すべては導かれている」という覚悟を定めるならば、
必ず、あなたの心の奥深くから、
その逆境を越えていく力と叡智が湧き上がってきます。
そして、あなたの人生において、
想像を超えたこと、不思議なことが、起こり始めます。

私は、あなたに、そのことを伝えて差し上げたいと思い、
本書の筆を執りました。

では、これから、
その逆境を越えるための「五つの覚悟」について、
一つ一つ、順に、話をしていきましょう。

第一話　自分の人生は、大いなる何かに導かれている

誰もが抱く「縁」の感覚

まず、最初に定めるべき「第一の覚悟」は、

自分の人生は、大いなる何かに導かれている

そう心に思い定め、深く信じることです。

いや、信じるという言葉は必要ないでしょう。

すでに、あなたは、心の片隅に、
「自分の人生は、大いなる何かに導かれている」といった
感覚を持っているのではないでしょうか。

なぜなら、誰もが、これまでの人生を振り返るならば、
次のような思いの一つ、二つは、あるからです。

「ああ、あの人と出会ったことで、人生が好転した」

「ああ、あの出来事があったから、進むべき道が見えた」

そして、もし、あなたの心の中に、そうした思いがあるならば、
それは、自然に、一つの感覚に結びついていくからです。

「あれは、何かの導きだったのかもしれない」

実は、こうした感覚は、
日本人であるならば、誰もが抱く自然な感覚でしょう。

なぜなら、この日本という国においては、
そうした感覚を、誰もが自然に、
「縁」という言葉を使い、次のように語るからです。

「これも、何かのご縁ですね」
「あの人とは、有り難いご縁を頂きました」
「あのとき、不思議なご縁に導かれて」

人生における出会いや出来事を何かの導きと感じる日本人の精神性、
それが、この「縁」という言葉に象徴されています。

だから、もし、あなたが、
これまでの自身の人生を静かな心で振り返ったとき、

「ああ、あの人と出会ったことで、人生が好転した」
「ああ、あの出来事があったから、進むべき道が見えた」
「あれは、何かの導きだったのかもしれない」

といった思いがあるならば、その思いは、自然に、

「自分の人生は、大いなる何かに導かれている」

という感覚に結びついているのではないでしょうか。

私自身も、静かに人生を振り返るとき、
同様の思いがあります。
それは、いま振り返ると、
「不思議な縁に導かれた」という思いでもあります。

例えば、私は、小学校の頃、勉強のできない生徒でした。
小学校時代の成績表は、
五段階の評価で、三が最も多かった。四を貰うことさえ稀だった。
その成績表の先生からの評価欄には、
「落ち着きが無い」「集中力が無い」という評価が書かれていました。

では、その勉強のできなかった生徒が、なぜ、
こうした有り難い人生を歩むことができたのか。

素晴らしい先生と出会ったからです。

小学校時代、勉強もできず、何一つ自信の無かった一人の生徒が、
中学校に入学したとき、一人の先生に出会った。

それは、クラスの担任でもあり、また、数学の担当でもあったT先生。
この先生は、年配の女性教師であり、気骨のある薙刀の名手でした。

最初にやってきた全校試験、成績は、一学年五二〇人中、二七〇番程度。
真ん中よりも低い成績でした。
それでも、中学校に入ったのだから少しは勉強しなければと思って努力し、
次の全校試験での成績は、少し上がって、一六〇番程度。
まだ、とても優秀な生徒とは呼べない成績でした。

しかし、成績発表の日、担任のT先生は、
クラス全員の前で、私の名前を呼んだ。
そして、腹に響く声で、こう言ったのです。

「田坂！　前回二七〇番が、一六〇番だ！　よく頑張ったな！」

魂を込めたT先生のその声は、いまも、自分の心に残っています。

そして、一人の生徒の可能性を信じ切ろうとする、この一人の教師の言葉が、私の奥深くに眠っていた「自分の可能性を信じる力」を呼び起こしてくれました。

このT先生は、成績が上位にある生徒を順番に誉めるということをせず、成績が大きく向上した生徒を誉めるという教育姿勢を貫いた教師でした。

そして、この教育姿勢が、勉強のできない一人の生徒に自信を与え、その成績を急速に向上させてくれたのですが、いまも、この時期を振り返って思います。

「もし、あのとき、中学校で、T先生に巡り会わなければ、いまの自分は、どのような人生を歩んでいただろうか……」

人生は、出会いがすべて

そして、七〇年の自分の人生を振り返るとき、

「ああ、あの人と出会ったことで、人生が好転した」

「ああ、あの出来事があったから、進むべき道が見えた」

「あれは、何かの導きだったのかもしれない」

と感じるのは、この中学校時代のT先生だけではありません。

大学で工学部を卒業後、二年間在籍した、医学部の研究室。
そこで巡り会ったY教授。
この教授からは、医学的な専門知識以上に、
人間としての生き方を学びました。
そして、大学院を終え、民間企業への就職に際して巡り会った
M社のA取締役。
さらに、シンクタンクに転職して巡り会ったH社長。

いずれも、その出会いが無ければ、自分の人生は大きく違っていた。

その出会いによって、人生が大きく好転していったのです。

「人生論」を語った古典的著作を読むと、
その多くに、共通して書かれていることがあります。

「人生は、人との出会いが、すべて」
「人生は、人との出会いによって、導かれる」

これは、聞いた瞬間には、少し極論のように感じる言葉でありながら、
歳月を重ねて人生を歩み、その人生を静かに振り返るとき、
深い説得力を持って響いてくる言葉でもあります。

ただ、こう述べても、
「それでも、そうした出会いは、やはり単なる偶然ではないのか……」
「大いなる何かに導かれているとは言えないのではないか……」
と考える人もいるでしょう。

実は、私も、若い頃は、そうした考えを持っていました。

しかし、人生には、ときおり、不思議なことがあります。

進路を当てた易者の占い

例えば、M社のA取締役との出会い。

それは、私が大学院を終える少し前の時期のことです。
所属していた研究室のK教授から
「研究室に残って、助手にならないか」との誘いを頂きました。
もとより、大学に残り、研究者の道を歩むことを望んでいた私は、
それを大変嬉しく思い、「ぜひ、よろしくお願いします」とお伝えしました。

しかし、そうした経緯から大学に残ることを決め、
博士論文の仕上げに取り組んでいたある日、
私は、新宿の街角で、ある易者の前を通りかかったのです。

大学時代には、唯物論哲学の影響を受けたこともあり、工学部で科学的な立場から物を見る教育を受けていた私は、当時、占いといったものには全く興味がありませんでしたが、なぜか、そのとき、心の奥深くから
「この易者に、自分の将来を占ってもらおう」との思いが浮かんできました。

そこで、その易者に相談しました。

「私は、まもなく大学院を終え、その後、人生を選択する分かれ道にいます。私の将来を占って頂けますか……」

それに対して、その易者は、

「あなたは、人との出会いによって、人生を導かれる。この分かれ道において、あなたを導く人が、いま、どの方角に住んでいるかそのことを占ってあげましょう」

と言い、卦を立て、占いを始めました。

私は、内心、すでに決まっている大学の助手への就職のことを思い、今回、助手への誘いをくれたK教授のことを考えていました。
そして、当時、K教授が住んでいた場所は、湘南でしたので、東京に住んでいた私から見れば、占いの結果は「南の方角」と出ると思っていました。

しかし、私の意に反して、その易者の占いの結果は、「北の方角」と出たのです。

その結果を知って、私は、少し戸惑いました。
すでに助手への就職は内定している。
その就職を導いてくれたのは、K教授。
その教授の住んでいる場所は、湘南。
どう考えても、その占いが当たるとすれば、「南の方角」と出るはずだったからです。

私は、その戸惑いを、
「やはり、占いなどというものは当たらない」という思いで打ち消し、
その場を後にしました。

しかし、それからしばらくして、K教授から相談を受けました。
それは、
「残念ながら、色々な事情があって、助手のポストが空かない。
申し訳ないが、他に就職口を探してくれないか……」
という相談でした。

突然の話に、私は、深く落胆しました。
しかも、すでに、就職活動の時期は終わっていました。
それから研究機関の就職口を探しても、ポストはありませんでした。
いや、民間企業を探しても、すでに、就職口は、ほとんどなかった。
そうした最悪の状況の中で、私に声をかけ、受け入れてくれたのが、
M社のA取締役でした。

そして、こうした経緯によってM社に入社した後、知ったのが、このA取締役が住んでいる場所が、埼玉県であるということでした。

易者の占った通り、「北の方角」だったのです。

数々の不思議な体験

こうしたことを述べても、

「それも、偶然にすぎない」と思われる人もいるでしょう。

先ほど述べたように、私も、

「大いなる何かに導かれる」といったことは、信じていませんでした。

いわんや、占いによって
「自分の人生が、どの方角に住む人物によって導かれるか」が分かるなど、あり得ないことと思っていました。

私は、子供の頃から科学技術に興味があり、
大学は工学部に進学した人間です。
当然のことながら、神や仏や「大いなる何か」など信じない、
唯物論的な世界観を持っていた人間でした。

しかし、そうした私でも、それから何十年もの人生において、
こうした「易者の予見」や「自身の予感」が実現する出来事を
数え切れぬほど体験すると、
「人生には、我々の人智では計り知れないことがある……」と
感じるようになってきました。

例えば、この易者は、このとき、もう一つ、予見を語りました。

「この分かれ道において、あなたを導く人は、高い地位に登っていくでしょう」

はたして、それから二四年後、

このA取締役は、M社の社長になりました。

それも、歴代の社長を輩出する部署ではなく、弱小の部署を率いていながら、周りが驚くほどの強運によって、社長になりました。

当たってしまった進学の占い

こう述べると、
私が「易者の予見は当たる」「占いというものを信じるべき」と述べていると思われるかもしれませんが、
必ずしも、そうではありません。
ただ、この「易者の予見」については、
中学校時代にも、不思議な体験がありました。
それは、中学校二年のときのこと。
まもなく三年になり、高校進学の入試が近づいてくる時期のことでした。

私は、自宅の近くにあった進学校の都立H高校に行きたいと思っていました。中学校の成績も、T先生との出会い以来、向上していましたので、H高校の受験は、問題なく合格できると思っていました。

しかし、そうしたある日、私の母が、占いが当たるということで知られる易者と縁を得たこともあり、その易者に、私の高校進学について占ってもらったのです。

しかし、なぜか、占いの結果は、何度やっても、「H高校には行けない」と出たのです。
その結果を見て、私と母は、信じられないという思いの中で、「高校受験の日に、病気にでもなるのだろうか……」と考えたのです。

しかし、年が明けて中学校三年を迎えるとき、予想もしていなかったことが起こりました。
都の教育委員会が、その年から「学校群制度」を導入すると発表したのです。

「学校群制度」とは、都立高校を数校ずつグループにして「学校群」とし、受験生は、個別の高校を受験するのではなく、その「学校群」を受験し、合格したら、くじ引きで、入学校を決めるという制度でした。

この制度導入の結果、私が進学を希望していたH高校は、K高校、M高校と一緒の「学校群」になり、その群に合格しても、H高校に行ける確率は三分の一ということになったのです。

その結果、多くの受験生は、志望校に行けるか分からない都立高校ではなく、国立高校や私立高校を志望するようになり、私も、国立のT高校に進学することにしたのです。

そして、こうした経緯により、「H高校には行けない」という易者の予見は、当たってしまったのです。

なぜ、不思議なことが起こるのか

しかし、こうしたことをもって、私は、「易者の予見は当たる」「占いというものを信じるべき」という素朴なことを述べているわけではないのです。

永い人生経験の中で、当たる易者も、当たらない易者も見てきました。当たる占いも、当たらない占いも見てきました。そして、何よりも、易や占いが当たるということが起こる人と、そうしたことが起こらない人を見てきました。

それゆえ、なぜ、こうした「不思議な出来事」が起こるのかは、それほど簡単に論じることができないものであると考えています。

もとより、こうしたことは、人類の歴史始まって以来、数千年にわたり、

無数の人々が体験し、数々の識者が研究してきたことですが、
いまだに、なぜ、そうした「不思議な出来事」が起こるのか、
科学者も、宗教家も、誰も明快な説明ができないのです。

しかし、私自身は、当初、そうした出来事に対して
極めて懐疑的であったにもかかわらず、
人生において、「易者の予見」や「自身の予感」が実現する出来事を
数多く体験してきました。
そのため、私は、現在では、
人生には、我々人間の理解できない
想像を超えたことや不思議なことがあると感じています。

そして、我々の人生においては、「大いなる何か」の存在を信じ、
「自分の人生は、大いなる何かに導かれている」と深く信じるほどに、
「想像を超えた出来事」や「不思議な出来事」が増えていくことも、
体験的に理解しています。

その体験については、これから本書を通じて、
幾つか述べていきたいと思います。

不運なことも、導かれた出来事

しかし、その前に、理解しておいて頂きたいことがあります。

いま、私は、
「自分の人生は、大いなる何かに導かれている」と深く信じるほどに、
「想像を超えた出来事」や「不思議な出来事」が増えていく、
と述べました。

では、この「導かれていると、深く信じる」とは、
いかなる意味か。

我々は、自分の希望や願望に沿った出来事が起こったときには、
「ああ、自分は導かれている。自分は幸運だ」と思い、
自分の希望や願望に反した出来事が起こると、
「なぜ、こんなことが起こったのか。導きなど存在しない。自分は不運だ」と思う傾向があります。

しかし、本当は、
人生において起こる、幸運に思える出来事、幸せに思える出来事だけが「導かれた出来事」なのではありません。
不運に思える出来事、不幸に思える出来事も含め、すべての出来事が、「導かれた出来事」なのです。

そして、そのことを心の底から信じたとき、
「想像を超えた出来事」や「不思議な出来事」が起こるのです。

それは、しばしば、
「不運な出来事」や「不幸な出来事」と思ったことが、実は、
「幸運な出来事」や「幸せな出来事」であった、
という形で起こります。

私自身、先ほど述べたように、
大学に残って研究者の道を歩みたかった人間です。
その人間が、「突如、助手のポストが空かなくなった」という
「不運な出来事」によって、大学に残る道を閉ざされた。
そして、その境遇の中で、M社のA取締役と出会い、
大学から実社会へと、人生の進路が大きく変わりました。

しかし、いま振り返れば、
その「不運な出来事」があったからこそ、
私は、実社会に出て、ビジネスの道、マネジメントの道、経営の道を歩み、
自分の中に眠っていた可能性を、大きく開花させることができたのです。

いま振り返れば、あの出来事は、
「不運な出来事」のように見えて、
「幸運な出来事」だったのです。

だから、この二つの言葉、

「ああ、あの出来事があったから、進むべき道が見えた」
「ああ、あの出来事が、自分の人生を導いてくれた」

それは、いま、自分の人生を静かに振り返ったとき、心に浮かぶ、
私自身の正直な思いでもあるのです。

そして、その思いがあるからこそ、申し上げたい。
あなたが直面している、その逆境。
それもまた「導かれた出来事」であると信じ、歩んで頂きたい。

それは、いまは、
「不運な出来事」や「不幸な出来事」に思えているかもしれませんが、
本当は、「幸運な出来事」や「幸せな出来事」かもしれないのです。

我々の人生は、ときおり、
自分の希望や願望とは違う方向に展開することがあります。
そのときは、「何と不運な」「何と不幸な」と思い、
落胆したり、失望したりするのですが、
心を立て直し、その与えられたものに正対し、
力を尽くして、その道を歩んでいくと、
しばらくして、「ああ、これで良かったのだ」と思えることが
多々あります。

そして、そのような体験を積んでいくと、自然に、
「自分の人生は、大いなる何かに導かれている」という感覚が
深まっていきます。

そして、この感覚、
「自分の人生は、大いなる何かに導かれている」という感覚が、
さらに深まり、「感覚」から「覚悟」になるならば、
その瞬間から、人生の風景が、全く違って見えてきます。
すべての物事が、全く違って見えてきます。

しかし、そのためには、
「第二の覚悟」を定めなければなりません。

では、それは、どのような覚悟か。

次に、そのことを述べましょう。

第二話　人生で起こること、すべて、深い意味がある

意味を感じる日本人の精神性

では、「第二の覚悟」とは、何か。

人生で起こること、すべて、深い意味がある

そう心に思い定め、信じることです。

もし、あなたが、第一話で述べた
「自分の人生は、大いなる何かに導かれている」という覚悟を定めるならば、

その瞬間から、人生における、どのような出来事も、
たとえ、それが、不運な出来事、不幸な出来事と見えるものであっても、
「意味のある出来事」であることを感じ始めます。

そして、この「人生の出来事に、何かの意味を感じる」ということは、
本来、日本人の多くが、自然に身につけている感覚です。

特に、仕事や生活において、何かを計画して、
それが自分の思うままにならなかったとき、
例えば、仕事での重要な出張において、肝心の飛行便がキャンセルになる、
例えば、親友の結婚式の日に、ひどい風邪を引いて欠席せざるを得なくなる、
そうしたとき、我々は、最初、「何と運が悪いのか……」と思い、
「なぜ、このタイミングで、こんなことが……」と思いますが、
しばらく考えていると、
「このタイミングで、こうした出来事が起こるのも、何か意味があるのか……」
という思いが心に浮かんできます。

実は、人生において、こうした感覚は、とても大切な感覚なのですが、
もし、あなたが、この「感覚」を「覚悟」にまで深めることができるならば、
人生の風景が、根本から変わります。

すなわち、

「自分の人生は、大いなる何かに導かれている」
「人生で起こること、すべて、深い意味がある」

という二つの「覚悟」を定めることができるならば、
人生というものが、気まぐれな「偶然」に左右され、
不運や不幸な出来事によって翻弄されるものであるという
不安や恐怖の感覚から解き放たれ、
人生のいかなる出来事に対しても、

「この出来事には、大切な意味がある。それは、どのような意味か」

という肯定的な問いを胸に、
正面から向き合うことができるようになります。

挫折した大関の述懐

では、人生における不運や不幸に見える出来事に対して、
その「意味」を感じるために大切なものは、何か。

それは、「解釈力」と呼ぶべき力です。

すなわち、
いま自分が直面している
苦労や困難、失敗や敗北、挫折や喪失、病気や事故などの
逆境の「意味」を解釈する力。

それが「解釈力」です。

言葉を換えれば、

「この苦労は、自分に、何を教えようとしているのか」
「この失敗は、自分に、何を学ばせようとしているのか」
「この挫折は、自分に、何を掴ませようとしているのか」
「この病気は、自分に、何を伝えようとしているのか」

そうしたことを考える力、それが「解釈力」です。

例えば、先ほどの二つの例で言えば、

「ああ、最近、あの顧客との関係に嫌気が差していた。
その自分の否定的な思いが、
こうした飛行機のキャンセルを招き寄せたのではないか。
この出来事は、もう一度、あの顧客との良い関係を築けという
何かのメッセージかもしれない……」

「ああ、自分は、親友の結婚を本当に喜んではいなかった。
何か、また差をつけられたような気持ちが、心の奥底にあった。
その思いが、この風邪を引き寄せたのではないか。
この出来事は、その自分の嫉妬心に気づかせてくれた……」

そうした深いレベルでの解釈をする力、それが「解釈力」です。

もとより、こうした出来事の「解釈」は、ただ一つではありません。
様々な「解釈」があり得ます。
しかし、「解釈力」が正しく発揮されるときには、なぜか、
心に浮かぶその解釈が、最も大切な解釈であるとの確信が伴うのです。

たしかに、人生で逆境を乗り越えた人々は、その多くが、
与えられた逆境について、見事な形で「解釈力」を発揮しています。

例えば、大相撲の世界で、ある大関が、
その絶頂期に足の故障で長期休場を余儀なくされました。
ある雑誌のインタビューで、その大関が、
苦難の時期を振り返り述懐した言葉が、そのことを教えてくれます。

「あの頃の自分は、慢心していたのです」
「だから、あの頃の自分は、挫折しなければならなかったのです……」

この大関の発言は、見事なほど、
「この挫折は、自分に、何を教えようとしているのか」を考え、
その挫折を、自身の精神的な成長の糧とする姿勢を語っています。

そして、この挫折を、単なる不運な出来事、不幸な出来事と考えず、
その「意味」を深く受け止め、肯定的に解釈する力、
すなわち、見事な「解釈力」を発揮したからこそ、
この大関は、足の故障による長期休場から復帰し、

ふたたび土俵での活躍ができたのでしょう。

左足を失った夫への言葉

ただ、こう述べると、あなたは、次のような疑問を抱くかもしれません。

「この大関が『解釈力』によって、その逆境を乗り越えられたのは、足の故障という問題だったからであって、もっと深刻な人生の逆境は、単なる『解釈力』などというものによって、それほど簡単に乗り越えることはできないのではないか」

たしかに、私は、人生におけるいかなる逆境も、「解釈力」によって乗り越えられると申し上げるつもりはありません。

ただ、この「解釈力」については、我々を励ましてくれるさらに極限の状況でのエピソードがあります。

それは、海外で交通事故にあった人物のエピソードです。
この人物は、海外出張中に自動車を運転していて、
一瞬のミスから大事故を起こし、病院に担ぎ込まれたのですが、
大手術の結果、一命は取り止めたものの、
左足を切断するという結果になったのです。

麻酔から覚め、その現実を知ったこの人物は、
一瞬の不注意によって人生を棒に振ってしまったことを思い、
悲嘆のどん底に投げ込まれていました。

しかし、事故の知らせを受けて日本から駆けつけた、
この人物の奥さんは、
病室に入るなり、旦那さんを抱きしめ、
何と言ったか。

「あなた、良かったわね！

命は助かった！
右足は残ったじゃない！」

このエピソードが、我々に教えてくれる、
大切な「人生の真実」があります。

何が起こったか。
それが、我々の人生を分けるのではない。

起こったことを、どう解釈するか。
それが、我々の人生を分ける。

たしかに、そうなのです。
我々は、人生で与えられた逆境が、
我々の人生を大きく変えてしまうと思っています。
しかし、本当は、そうではありません。

人生で与えられた逆境を、どう解釈するか。
それが、我々の人生を大きく変えてしまうのです。
そして、人生で与えられた逆境を、どう解釈するか。
それが、我々の人生の「時間の意味」を、大きく変えてしまうのです。

最悪の事態で口を突いて出た言葉

そのことを切実に学ばされた、私の体験があります。

それは、一九九〇年に新たなシンクタンクの創設に参画し、
新事業の企画を担当する部長として活動していたときのことです。

当時の我々の部署は、
異業種企業が集まり共同で新事業開発に取り組むプロジェクトを企画し、
そのスタートに向け、多くの企業に声をかけ、奔走していました。

そうしたある日、二人の部下が、部長室に飛び込んできたのです。
彼らの顔を見ると、何か大変な出来事が起こった様子。
報告を受けると、いま発足に向けて準備をしているプロジェクトの海外の重要なパートナー企業が、突如、他の企業に買収され、先方の研究者がその会社を辞めるとの連絡が入ったとのことでした。

その報告を受けた瞬間に、
「このプロジェクト、吹き飛ぶぞ」と思いました。
なぜなら、このプロジェクトは、
その研究者が持っているノウハウを核として、国内で様々な実証試験を行い、新事業の開発に繋げていくというものだったからです。

しかし、この時期は、すでに、二〇社近い企業が参加を決め、
数億円の予算も組み、社内の決裁も降り、
いよいよプロジェクトのスタートという時期でした。

このプロジェクトが吹き飛んだときには、
リスクを取って参加してくれた各企業の信頼を、大きく裏切ることになります。
社内でも、経営陣に対して痛恨のプロジェクト撤退を報告することになります。

報告を受け、そうした想像したくもない展開が頭を巡っていると、
二人の部下が、私の顔を見つめています。
その表情からは「部長、どうしましょう」という切実な思いが伝わってきます。
しかし、この二人の部下は、後に、
様々なベンチャー企業賞を受賞したような優秀な部下です。
このプロジェクトの技術的課題も組織的問題も熟知しているその部下が、
「途方に暮れる」といった表情で、私の指示を待っている。
それに対して、「俺に秘策がある」と言って卓抜な指示を出せるほど、
私は優秀なリーダーではありません。

「いま、彼らに、何と言ってあげるべきか……」

そう考えても、瞬間的に、答えは出てこない。
しかし、こうしたとき、私には、
何年も前に、あの禅寺で摑んだものがありました。

それは、「祈ること」でした。

すべての道が塞がれたように感じるとき、
ただ「導きたまえ」と祈る。

それが、こうしたとき、私が必ず行ずることでした。

そこで、私は、二人の前で、一瞬、目を閉じ、祈りました。

「いま、この二人に語ってあげるべきことを、導きたまえ」

それは、「瞬間的な瞑想」でもあり、「瞬間禅」とでも呼ぶべきものでした。

すると、不思議なことに、その祈りの瞬間、心の奥深くから、彼らに何を語ってあげるべきか、聞こえてきたのです。

そこで、私は、目を開け、二人に言いました。

「その部長室のドアを閉めなさい」

二人は、部長から怒鳴られるとでも思ったのでしょうか。さらに緊張した面持ちで、私の顔を見ています。

そこで、私は、腹を据え、彼らに言いました。

「おめでとう！」

そして、続けました。

「おめでとう！
大変な正念場がやってきたな！
こんな正念場、滅多に体験できないぞ！」

私は、さらに言葉を続けました。
二人は、唖然として聞いています。

「このプロジェクト、このままでは、吹き飛ぶぞ！
ただ、まだ勝負は終わってない！
まだ、すべてが駄目になったわけではない。
まだ、幾つか打ち手がある。
その打ち手を、最後まで打ってみよう。
それでも駄目ならば、最後は自分が責任を取る。

ただ、君たちに、一つ頼みがある。
この正念場での悪戦苦闘から、学べることを、学んで欲しい。

君たちが、この正念場で大切なことを学んでくれるならば、
結果がどうなっても、自分には悔いは無い。
これは、我々が成長できる絶好の機会だ！」

この言葉を聞いて、二人の表情が変わりました。
腹が据わった表情でした。
二人の表情からは、
「よし、この体験から、学べることを、とことん学んでやろう」という
気概が伝わってきました。

いま振り返ると、随分、格好の良いことを言ったと思います。
偉そうなことを言ったと思います。
しかし、この言葉が、この瞬間の、
私にとっての精一杯の言葉だったのです。

一瞬にして変わる風景

では、なぜ、私は、この言葉を語ったのか。

祈りの中で、一つの思いが湧き上がってきたからです。

「この部下の人生の時間を、大切にしたい」

その思いが湧き上がってきたからです。
だから、二人の部下に「灰色の時間」を過ごさせたくなかった。

もし、私が、こう言ったら、
彼らは、それから、どのような時間を過ごすことになったでしょうか。

「ああ、何でこんなことになったのか。
俺たちは、ついていないな……。
せっかく、プロジェクトをここまで持ってきたのに、何と運の悪いことになったのか……。
このプロジェクト、駄目になる可能性は高いが、
とにかく何らかの手を打つしかないな。
ああ、参加社からのクレームを考えると頭が痛いな……」

もし、私が、こうした言葉を語ったならば、
彼らは、それからの数週間、
「灰色の時間」を過ごすことになったでしょう。

悲観的な気持ち、消極的な気持ち、義務的な気持ちの時間を
過ごすことになったでしょう。

私は、それをさせたくなかった。
どのような出来事があろうとも、どのような逆境が来ようとも、
彼らに「輝ける時間」を過ごして欲しかった。

どのような逆境においても、

「ああ、この体験が与えられた。
素晴らしい成長の機会が与えられた」

と思い定め、前向きに歩んでいく人生を送って欲しかった。

いや、それは、決して、彼らのためだけではありません。

誰よりも、私自身が、「灰色の時間」を過ごしたくなかった。
どのような逆境においても「輝ける時間」を過ごしたかった。
どのような逆境においても「輝き」を失うことなく歩んでいきたかった。

だから、私は、この出来事を、
「我々の懸命な願いに反して起こった不運な出来事」だと
解釈したくはなかった。

「我々が成長できる最高の機会が与えられた出来事」だと
解釈したかったのです。

だから、あなたにも、
どのような逆境においても「輝ける時間」を過ごして頂きたいのです。
どのような逆境においても「輝き」を失うことなく歩んで頂きたいのです。

あなたの中にも、素晴らしい「解釈力」があります。
それを発揮するとき、
目の前の風景が、全く変わって見えます。
ときに、灰色一色であった風景が、
一瞬にして、輝く風景に変わります。

だから、あなたの中にある、その「解釈力」で、
あなたの人生の時間を、大切にして頂きたいのです。
あなたの人生のかけがえのない時間を、大切にして頂きたいのです。

人生において約束されているもの

しかし、こうした「解釈力」を発揮するために、一つ大切なことがあります。

それは、世の中の一般的な風潮に流されない、ということです。

例えば、いま、私は、「どのような逆境も『成長の機会』と捉え」と言いました。

では、なぜ「成長」なのか。

なぜ「成功」ではないのか。

なぜ、「どのような逆境も『成功の機会』と捉え」と言わないのか。

その答えは、明らかです。

なぜなら、人生には、一つの真実があるからです。

人生において「成功」は約束されていない。

その真実があるからです。

世の中を見渡すと「成功の法則」という言葉や「勝利の方程式」といった言葉が溢れています。

たしかに、誰もが、
仕事において「成功」したい。
競争において「勝利」したい。

しかし、人生においては、
仕事で「失敗」することは、ある。
競争において「敗北」することは、ある。

それは、冷厳な事実です。

いわんや、逆境とは、
そうした「成功」や「勝利」に強い逆風が吹いているとき。
我々が直視すべきは、
どれほど力を尽くしても、
人生において「成功」は約束されていないという
冷厳な事実でしょう。

されば、我々が人生において問われるのは、
力を尽くしてなお、失敗したとき、どう処するか、
敗れ去ったとき、どう処するか、ではないか。

しかし、人生には、もう一つの真実があります。

人生において「成長」は約束されている。

すなわち、いかなる逆境が与えられたとしても、
いかなる失敗や敗北が与えられたとしても、
その逆境を糧として、その失敗や敗北を糧として、我々は、
人間として「成長」していくことができる。

その真実があるのです。

だから、この瞬間、私は、二人の部下に対して、
「大切なことを学んで欲しい」と語ったのです。

これから、どれほど力を尽くしても、
このプロジェクトは吹き飛ぶかもしれない。

しかし、もし、それが、天が与える結果であるとしても、
我々は、この逆境を糧として「成長」できる。
必ず、一人の人間として「成長」していくことができる。

そのことを、二人の部下に伝えたかったのです。

そして、そのことを、あなたにも伝えたい。

あなたが、もし、いま、厳しい逆境の中にあるならば、
辛い失敗や敗北の中にあるならば、
いま、あなたには、
大きく成長できる、素晴らしい機会が与えられているのです。

そして、もし、あなたが、「これを成長の機会にしよう」との覚悟を定め、
その逆境に、失敗や敗北に、正面から向き合うならば、
「大いなる何か」は、ときに、想像を超えた配剤を与えてくれます。

なぜなら、その逆境を「成長の機会」と解釈し、
「成長」を求め、力を尽くして歩むとき、不思議なことが起こり、
「成功」も与えられるときがあるからです。

土俵際で奇跡が起こる瞬間

あのときの私の心の中には、

何が起こったか。
それが、我々の人生を分けるのではない。
起こったことを、どう解釈するか。
それが、我々の人生を分ける。

という思いがありました。

その言葉の通り、このプロジェクトのトラブルを、

「これほど努力してきたのに、不運な出来事が起こった」と解釈したくはなかったのです。

起こったトラブルが消えるものでないならば、「我々に大切な何かを学ばせるために、この出来事が起こった」と解釈したかったのです。


その私の思いが伝わったのでしょうか。

二人の部下は、「この体験から何かを学ぼう」との覚悟を定め、私とともに、この窮地を脱するために、全力を尽くしてくれました。

そして、その窮地を、大きな成長の機会にしてくれたのです。

私には、それだけで十分でした。

いずれ、プロジェクトは、吹き飛ぶ可能性が高かったからです。


しかし、そこから、不思議なことが起こりました。

我々の力を尽くす姿が、大いなる何かを動かしたのでしょうか。
我々は、文字通り「土俵際、俵に指一本残した」ところから押し返し、
このプロジェクトを軌道に乗せることができたのです。

何が「解釈力」を歪めるか

だから、逆境の中にある、あなたに、知って欲しいのです。

「逆境を越える」ために、本当に求められるものは、何か。

それは、苦労や困難、失敗や敗北、挫折や喪失、病気や事故といった
不運な出来事、不幸な出来事に見えることを、

「この苦労や困難は、自分に、何を教えようとしているのか」
「この失敗や敗北は、自分に、何を学ばせようとしているのか」
「この挫折や喪失は、自分に、何を掴ませようとしているのか」

「この病気や事故は、自分に、何を伝えようとしているのか」

という問いを心に抱いて見つめ、すべてを、
自分の成長のために与えられた「意味のある出来事」として解釈し、
歩んでいくことなのです。

そして、あなたが、
「自分の人生は、大いなる何かに導かれている」という覚悟を定め、
「人生で起こること、すべて、深い意味がある」という覚悟を定めるならば、
心の奥深くから、不思議なほど「解釈力」が湧き上がってきます。
そして、その「解釈力」こそが、逆境を越える力となっていくのです。

しかし、そのとき、もう一つ、知っておいて欲しいことがあります。

この「解釈力」という叡智が正しく発揮されるためには、
我々が決して忘れてはならない、大切なことがあるのです。

それは何か。

「小さなエゴ」に左右されない心

それが求められます。

なぜか。

物事の「解釈」そのものは、どのようにでも成り立つからです。

例えば、仕事において何かトラブルが起こったとき、

「この出来事は、あの人に問題があることを教えている」
「この出来事は、会社に問題があることを教えている」

そう考えることも、ある意味で、一つの「解釈」なのです。

しかし、こうした「他人の責任を問う」という姿勢や「自分以外の何かに責任を押しつける」という姿勢は、決して、自分の成長に繋がりません。

特に、心の中で「小さなエゴ」が動き、

「感情的になっているとき」

「誰かを非難する気持ちがあるとき」

「自己弁護の思いが強いとき」

そうしたときには、「解釈」が歪みます。「解釈」が濁ります。


では、その「小さなエゴ」に、どう処するか。

世の中では、しばしば、

「我欲を捨てよ」「私心を去れ」といった言葉が語られます。

それは、「小さなエゴ」を捨てよ、という意味でもあります。

しかし、我々の心の中の「小さなエゴ」は、
それを消そうとしても、消えることはありません。
それを無理に消そうとしても、一時、心の表面から姿を隠すだけで、
必ず、また密やかに姿を現し、悪しき働きをします。

例えば、出世を争っている同僚が、先に出世したとき、
心の中では、それを嫉妬する「小さなエゴ」が、
「何で、あいつが！」「あいつより、俺の方が優秀だ！」と叫びます。

しかし、表面意識が、
「ああ、こんな嫉妬心を持っては駄目だ！」
「こんなエゴは捨てなければ！」と思い、
その嫉妬心や「エゴ」を抑えつけ、捨てたつもりになっても、
実は、その「小さなエゴ」は、深層意識に隠れただけで、

決して消えていないのです。

そのため、例えば、その同僚が、数か月後に、突然、健康を害し、
長期入院になったとき、それを見て、表面では
「彼も大変だな……。早く回復するといいのだが……」
などと職場で語っている自分の陰に、
密かに「ほくそ笑む自分」が現れてきたりします。

これは、深層意識に隠れていた「小さなエゴ」が頭をもたげてきた瞬間です。
厄介なエゴ、狡猾なエゴが、密かに動き始めた瞬間です。

心の中のエゴに処する唯一の方法

では、この厄介なエゴに、どう処するか。

その方法は、実は、ただ一つなのです。

心の中の「小さなエゴ」の動きを、静かに見つめる

それが、唯一の方法です。

心の中の「小さなエゴ」の動きを、
否定も肯定もせず、ただ静かに見つめるのです。

例えば、誰かに怒りを感じたとき、
「ああ、怒ってはならない」と、そのエゴの動きを抑圧するのではなく、
「ああ、いま、自分は怒りを感じている」と静かに見つめるのです。

例えば、誰かに嫉妬を感じたとき、
「ああ、嫉妬してはならない」と、そのエゴの動きを抑圧するのではなく、
「ああ、いま、自分は嫉妬を感じている」と静かに見つめるのです。

実は、それだけで、不思議なほど、
心の中のエゴの動きは静まっていきます。

すなわち、起こった出来事を「解釈」するとき、
その前に、怒りや憎しみ、悲しみや嘆き、後悔や自責、不安や恐怖など、
心の中のエゴの動きを、こうした方法によって、静かに見つめることです。
そのことによって、起こった出来事に対する
「解釈」が歪むこと、濁ることを、避けることができるのです。

そして、もし、それができたならば、
「第三の覚悟」を心に抱くことができるようになります。

次に、そのことを述べましょう。

第三話　人生における問題、すべて、自分に原因がある

物静かな上司が教えたもの

では、「第三の覚悟」とは、何か。

人生における問題、すべて、自分に原因がある

そう心に深く思い定めることです。

では、なぜ、この覚悟が大切か。

逆境に処するための「真の強さ」が身につくからです。

では、「真の強さ」とは、何でしょうか。

そのことを考えるために、
一つのエピソードを紹介しましょう。
私が、実社会に出たばかりの頃のエピソードです。

初めて担当するプロジェクトで忙しく過ごしていたある日、
一人の上司が、食事に誘ってくれました。

この上司は、
温かい雰囲気を絶やさない、物静かな人物であり、
職場の誰からも尊敬されていた上司でしたが、
しかし、どこか心の深くに、
人間としての芯の強さを感じる人物でした。

その上司と、静かなレストランで楽しく時を過ごし、
食事を終え、最後のコーヒーを飲んでいるとき、
その物静かな上司が、
ふと、内省的な雰囲気で、語り始めました。

「毎日、会社で色々な問題にぶつかって、苦労するよ。

そのときは、会社の方針に原因があると思ったり、
周りの誰かに責任があると思って、
腹を立てたりもするのだけれど、
家に帰って、一人で静かに考えていると、
いつも、一つの結論にたどり着く。

すべては、自分に原因がある。

そのことに気がつくのだね……」

この言葉を聞いたとき、まだ若かった私は、
「何と謙虚な人だろう……」とは感じましたが、
この上司の言葉の深い意味を、理解できませんでした。

しかし、あれから何十年かの歳月が過ぎ、
私自身、仕事の世界でも、私的な世界でも、様々な苦労を重ね、
いまは、この上司が語ろうとしたことが、よく分かります。

この上司は、自らを語る姿を通じて、
若く、未熟な一人の人間に、
大切なことを教えてくれようとしたのです。

それは、人生を歩むときに大切な、一つの心の姿勢です。

「引き受け」という心の姿勢

たとえ、自分に直接の責任が無いことでも、
すべてを、自分自身の責任として、引き受けること。

この上司は、その心の姿勢の大切さを、自らを語る姿を通じて、
教えてくれようとしたのです。

心の姿勢としての「引き受け」

ただ、ここで述べる「引き受け」とは、
どこまでも、自分の内面にある「心の姿勢」のことです。

この言葉が意味するのは、
例えば、交通事故のような場面で、
「法律的な責任を負う」というような意味ではありません。

また、例えば、職場において部下が無責任な仕事をしたとき、
その部下の責任を問わないという意味でもありません。

それは、どこまでも、自分の内面にある「心の姿勢」のことです。

例えば、それが「交通事故」であれば、
法律的責任については、どちらに責任があるか、明確にするべきでしょう。
しかし、「引き受け」とは、その一方で、心の中では、

「たとえ、不可抗力、他人の責任とはいえ、
この大切な時期に、この交通事故に遭うということは、
やはり、最近の自分の心の姿勢が招き寄せたものではないか……」

そう考えることなのです。

例えば、それが「部下のミス」であれば、
その部下の責任を問い、ときに叱責することがあっても良いのです。
しかし、「引き受け」とは、その一方で、心の中では、

「この問題は、たしかに、直接的には部下の責任であるが、
この部下が、このタイミングで、このミスを犯したのは、
やはり、現在の自分の心の姿勢が引き寄せたものではないか……」

そう考えることなのです。

「謙虚」と「感謝」の逆説

では、なぜ、人生において、
この「引き受け」という姿勢が大切なのか。

それは、

「静かな強さ」を身につけることができるからです。

そして、その強さこそが、人間の真の強さであり、
逆境において、最も力を発揮する強さだからです。

もし、我々が、この「引き受け」という姿勢を身につけるならば、
いかなる逆境が与えられても、感情に流されることなく、
自分の「小さなエゴ」に振り回されることなく、
目の前の問題を、自分自身の問題として受け止め、
自分に与えられた課題に「正対」することができます。

そして、いま、その逆境が、
自分に何を教えようとしているのか、何を学ばせようとしているのか、
何を掴ませようとしているのか、何を伝えようとしているのか、
そのことを、正しく「解釈」することができます。

そして、与えられた課題に「正対」し、
賢明な「解釈」ができるようになると、
不思議なほど、その課題を超えていく力が生まれてきます。

それこそが、逆境において最も力を発揮する強さ、
「静かな強さ」と呼ぶべきものであり、
「引き受け」という姿勢によって身につくものなのです。

この「強さ」ということについては、
かつて、臨床心理学者の河合隼雄氏が、印象深い言葉を残しています。

「人間は、本当の自信がなければ、謙虚になれないのですよ」

「人間は、本当に強くなければ、感謝ができないのですよ」

たしかに、その通りなのです。

世の中には、自信満々な姿を示し、
ときに、傲慢さを漂わせる人がいますが、
そうした人物の内面を深く見つめると、例外なく、
自分に本当の自信を持っていないことが分かります。

また、世の中には、周囲に対する不満や批判を
声高に語り続ける人がいますが、
そうした人物の内面を深く見つめると、
これも例外なく、外面的な強気の姿とは裏腹に、
心の弱さを抱えていることが分かります。

逆に、物事に対して、そして、相手に対して、
常に謙虚な姿勢、感謝の姿勢を持つという修行を続けると、
我々の内面に、静かな自信と強さが芽生えてきます。

それは、この「引き受け」という心の姿勢も、同様です。

人生で不運や不幸に思える出来事が与えられたとき、
最初に、様々な感情の波があっても、
最後は、「ああ、自分に原因があった」と受け止め、
「ああ、これは、自分に大切なことを教えてくれている」と解釈するという
心の修行を続けていくと、我々は、自然に、
「静かな強さ」を身につけていきます。

人間の「真の強さ」とは

いま、あの当時を振り返ると、分かります。
あの新入社員の頃の私は、毎日、プロジェクトの仕事に追われるなかで、
周囲に対して、どこか不満を抱き、批判的な気持ちを抱いていたのです。
あの上司は、その私の心の姿勢を温かく見つめ、
説教じみた言葉ではなく、自らを語る姿を通じて、
大切なことを教えようとしてくれたのです。

もとより、私は、この上司の語る言葉によって、
すぐに心の姿勢を改めることができたわけではありません。
しかし、この上司の語ってくれた言葉は、
静かに、私の心の奥深くに、一つの種として宿りました。
そして、その種は、人生での様々な苦労を糧として、
少しずつ芽を吹き、育っていきました。

いま、永き歳月の歩みを振り返るとき、
あの上司が、その後姿を通じて示してくれた
「引き受け」という心の姿勢が、
私に、大切なことを教えてくれたことに気がつきます。

「静かな強さ」こそが、
人間が持つべき真の強さであり、
それは、「魂の強さ」と呼ぶべきものである。

そのことを教えてくれたのです。

そして、この「魂の強さ」は、一人の人間が成長していくために、
実は、とても大切なものなのです。

「魂の強さ」とは何か

なぜなら、人生において何かの問題に直面したとき、
自分の心の中の、この「引き受け」の姿勢の有無が、
自分の成長を分けてしまうからです。

例えば、職場で、自分がリーダーを務めるチームが、
仕事で大きなミスをした。
その直接の原因は、チームのメンバーであるA君のミスであった。

そこで、上司から、「なぜ、こんなミスが起こったのか」と訊かれます。

このとき、自分の心の中に、

「メンバーのA君が、ミスをしたのが原因です。
彼は、いつも、こうした点での詰めが甘いのです」

と、少し非難をしたくなる自分もいます。

しかし、自分の中に、こう答えようとする自分もいます。

「直接の原因は、A君のミスです。
しかし、やはり責任は、チームリーダーの自分にあります。
こうしたミスが起こらないように、
もっとしっかりとA君を指導しなかった自分に責任があります。
また、こうしたミスが起こることを想定して、
万全の手を打っておかなかったことも、自分の甘さでした」

この後者の自分が勝るとき、我々は、大きく成長していけるでしょう。
なぜなら、後者の自分は、「引き受け」ができる強さを持っているからです。

A君の責任を問うことによって、自分の責任を逃れられる場面で、
それをしない。
敢えて、自分の課題として、このミスが起こった責任を引き受ける。

その「魂の強さ」があるかぎり、我々は、必ず成長していけます。

なぜなら、「引き受け」とは、実は、
自分の中の「小さなエゴ」に、どう処するかという問題だからです。

我々の心の中には、誰にも「小さなエゴ」がある。
その「小さなエゴ」は、いつも、心の奥深くで、
「自分は、間違っていない！」「自分は正しい！」と叫び、
「自分は、変わらなくてよい！」「自分は変わりたくない！」と叫んでいます。

それゆえ、この「小さなエゴ」が、いつも、
我々が自分の課題を直視し、自分の殻を打ち破り、
成長していくことを妨げてしまうのです。

しかし、一方で、
我々の心の中には、「大きなエゴ」と呼ぶべきものもあります。
この「大きなエゴ」は、心の奥深くで、
「自分には、まだ大きな可能性がある」「その可能性を開花させたい」
「自分は、まだまだ成長していける」「もっと成長したい」と願っています。

それゆえ、この「大きなエゴ」が「小さなエゴ」に勝るとき、
我々は、目の前の課題を直視し、小さな殻を打ち破り、
さらに成長していくことができるのです。

そして、この「大きなエゴ」こそが
「魂の強さ」と呼ばれるものなのです。

「解釈力」が発揮できるとき

なぜ、「魂の強さ」が、一人の人間が成長していくために
大切なものなのか。

「魂の強さ」があれば、我々は、
人生で起こった不運や不幸と見える出来事に対しても、
それを、他の誰かの責任にすることなく、
自分自身の責任として受け止め、
それを自身の成長の糧としていく「引き受け」ができます。

そして、この「引き受け」ができる心の状態のときにこそ、
人生の様々な出来事の意味を解釈する力、
「解釈力」が、最も良き形で発揮できるのです。

では、どうすれば、我々は、
その「魂の強さ」を身につけることができるのか。

次に、その方法について述べましょう。

それは、「究極の解釈力」とでも呼ぶべきものです。

それが、「第四の覚悟」を定めることです。

第四話　大いなる何かが、自分を育てようとしている

「運命論」的な解釈の怖さ

では、「第四の覚悟」とは、何か。

大いなる何かが、自分を育てようとしている

そう心に思い定め、信じることです。

では、なぜ、この覚悟が大切か。

「究極の楽天性」が身につくからです。

そして、これが「究極の解釈力」と呼ぶべきものです。

そもそも、人生において、
なぜ、我々に「逆境」が与えられるのか。
苦労や困難、失敗や敗北、
挫折や喪失、病気や事故が与えられるのか。

その問いに対して、世の中には「四つの解釈」があります。

第一の解釈は、

「自分は、こうした不幸な星の下に生まれている……」

と考える解釈です。

しかし、そう解釈した瞬間に、我々は、抗いがたい「運命論」に巻き込まれてしまいます。そして、ひとたび「運命論」的な思いに巻き込まれると、その呪縛から脱することは、容易ではありません。

なぜなら、こうした「運命論」的な解釈は、悲観的、否定的な想念を、我々の深層意識に浸透させてしまうからです。そして、深層意識の世界は、我々が意識できない世界であるため、こうした悲観的、否定的な想念が、ひとたび浸透してしまうと、それを、楽観的、肯定的な想念に変えることは、極めて難しいのです。

「運気論」的な解釈の限界

また、この問いに対する第二の解釈は、

「いまの自分は、運気が悪くなっている……」

と考える解釈です。

しかし、この「運気論」的な解釈をするならば、
我々が為し得ることは、
その悪い運気を改善するために、占いをしたり、お祓いをしたりという
「他力」的な方法に頼ることになります。

しかし、こうした「他力」的な方法は、いくらそれを行っても、
実は、それによって、心の奥深くに、

「これで、悪い運気が逃げていっただろうか……」
「まだ、悪い運気が残っているのではないか……」
「また、悪い運気に取り憑かれるのではないか……」

という不安と恐怖を抱き続けることになります。

すなわち、こうした「運気論」的な解釈もまた、
我々の深層意識に、悲観的、否定的な想念を浸透させてしまい、
それを、楽観的、肯定的な想念に変えることは、極めて難しいのです。

ただ、この「運気論」的な解釈には、

「自分の心の姿勢が、悪い運気を引き寄せている」
「従って、自分の心の姿勢を変えれば、運気も変わる」

という解釈もあり、これは「自力」的な方法にも結びついていきますが、
実は、これは、次に述べる「応報論」的解釈でもあります。

「応報論」的な解釈の深み

すなわち、この問いに対する第三の解釈は、

「自分の悪しき心の姿勢が、こうした出来事を招いているのだろう……」

と考える解釈です。

この「応報論」的な解釈は、
自分の心の姿勢を深く見つめ、それを改めることによって、
人間として成長していくことができるという点で、優れた解釈であり、
その意味で、これは、一つの深みある解釈でもあります。

しかし、この「応報論」的な解釈は、ときに、自身の心の奥深くに、
「自分の心の姿勢は間違っている。だからこうした逆境が与えられるのだ」
という自己懲罰的な意識を生んでしまうことがあります。
それゆえ、この「応報論」的な解釈もまた、しばしば、

「自分の心の姿勢の間違いという『罪』の結果、こうした『罰』を受けるのだ」
という悲観的、否定的な想念を
深層意識に浸透させてしまうことがあるのです。

「負の想念」を生まない解釈

では、目の前に与えられた「逆境」に対して、
我々は、いかなる解釈をすれば良いのか。

深層意識に、悲観的な想念、否定的な想念を浸透させることなく、
人生において起こった不運や不幸に思える出来事を、
どう解釈すれば良いのか。

それが第四の解釈、

「大いなる何かが、自分を育てようとして、この逆境を与えた」

という解釈です。

この解釈こそが、深層意識に悲観的想念、否定的想念を浸透させず、

「だからこそ、この逆境は、必ず乗り越えられる」
「だからこそ、この逆境を糧として、必ず成長していける」

という楽観的想念、肯定的想念を育んでくれます。

昔から、この日本という国においては、

「艱難、汝を玉にす」という言葉が、多くの人々によって語られ、
戦国武将の山中鹿之介が語ったとされる
「我に、七難八苦を与えたまえ」という言葉が伝えられてきました。

その背景には、人生における「逆境」というものを決して否定的に見ない、我が国の深い精神性の文化がありますが、そのさらに奥には、逆境においてこそ、深層意識を楽観的、肯定的な想念で満たすことの大切さを知る人々の叡智があったのでしょう。

「解釈」から「覚悟」へ

従って、我々が「逆境」において抱くべき最も優れた解釈は、この第四の解釈ですが、もし我々が、

「大いなる何かが、自分を育てようとして、この逆境を与えた」

という思いを、「解釈」の次元から、
さらに「覚悟」の次元へと深めることができるならば、
人生の風景が変わります。

いま、目の前にある「逆境」の意味が、全く違って見えるようになります。

すなわち、その逆境を、

「ああ、この苦労は、自分に、このことを教えようとしているのだ」

「ああ、この失敗は、自分に、このことを学ばせようとしているのだ」

「ああ、この挫折は、自分に、このことを摑ませようとしているのだ」

「ああ、この病気は、自分に、このことを伝えようとしているのだ」

という肯定的な思いで見つめることができるようになります。

それゆえ、

「ああ、大いなる何かが、また、自分を成長させようとしている」

そう心に思い定め、覚悟を定めるならば、
心の奥深くから、目の前にある「逆境」に正対していく力が湧いてきます。

人間が「成長」する瞬間

実際、逆境とは、素晴らしい成長の機会なのです。

いま、あなたの人生を振り返ってみてください。

あなたは、いつ、成長されたでしょうか。

あの順風が続いたときだったでしょうか。
あの幸運が続いたときだったでしょうか。
あの成功が続いたときだったでしょうか。

実は、そうではない。

あなたが成長されたのは、

逆境のときだったのではないでしょうか。

あの夜も眠れぬ日々。
あの胃が痛むような時間。
あの天を仰いだ一瞬。

そうした日々を、時間を、一瞬を与えられながら、
それでも前に向かって歩み続け、懸命に歩み続け、
ふと振り返ると、我々は成長している。
一人の人間として、成長している。

それが、人生の真実ではないでしょうか。

だから、あなたには、その逆境において、
次の覚悟を定めて頂きたいのです。

大いなる何かが、
この逆境を与えることによって、
自分を育てようとしている。

いや、できることならば、
さらに一歩踏み込み、
より深い、次の覚悟を定めて頂きたい。

大いなる何かが、
この逆境を与えることによって、
自分を育てようとしている。
そして、自分を育てることによって、
多くの人々の幸せのために、
素晴らしい何かを成し遂げさせようとしている。

では、なぜ、その覚悟を定めるのか。

それは、この覚悟を定めると、
心の奥深くから力と叡智が湧き上がってくるだけでなく、
人生において、想像を超えたことが起こるからです。
不思議と呼ぶべきことが起こるからです。

優れた先人たちが語る言葉

この日本という国においては、
逆境を越え、素晴らしい仕事を成し遂げてきた先人たちが、
その人生を振り返り、しばしば語る言葉があります。

「有り難いご縁に導かれ」
「不思議な出会いが与えられ」
「想像もしていなかったことが起こり」

そうした言葉です。
しかし、同時に、それらの先人たちが、
共通に心に抱いてきた思いがあります。

それは、
「多くの人々の幸せのために、素晴らしい何かを成し遂げよう」
との思いでした。

その思いが、先人たちの人生において、
「有り難いご縁」や「不思議な出会い」「想像もしていなかったこと」を
引き寄せたのでしょう。

そして、その思いを、昔からこの国では、

「使命感」

と呼んできました。

「使命」という言葉の本当の意味

実は、私自身、あの生死の体験が与えられた三八年前、
あの逆境を越えることができたのは、
この「使命」という言葉の深い意味を摑むことができたからです。

「命を助けてもらいたい」との一心で訪れた、あの禅寺。
深夜、空港からタクシーを走らせて訪れた、あの禅寺。

しかし、あの禅師から、「いまを生き切れ！」との一言を伝えられ、
大切な何かを摑んだ。

それゆえ、その禅寺から戻ってくるとき、

心の中にあったのは、もはや、
「命を助けてもらいたい」との思いではなかった。

「ああ、この病で、明日死のうが、明後日死のうが、構わない。
それが、天の与える寿命であるならば、仕方ない。

しかし、この病のために、今日という一日を失うことはしない。
過去を悔いることに、大切な時間を使うことはしない。
未来を憂うることに、大切な時間を使うことはしない。

天から与えられた、この貴い時間を、意味のあることに使おう。
世の中に光を届ける仕事に、このかけがえのない時間を使おう」

そう思い定め、戻ってきました。

そして、このとき、私は、

昔から、この日本において「使命」と呼ばれてきたものを
摑んだのかと思います。

あの晴れ渡った夏の日、
海沿いの道を、タクシーで空港に向かいながら、
真っ青な空を見上げ、心に刻みました。

日々の仕事を通じて、世の中に光を届けるために、
この命を使っていこう。
いつ、この命が終わりになるとしても、
命尽きる、その最後の一瞬まで、
この道を歩んでいこう。

そう心に刻みながら、空を見上げていました。

そして、そのとき、一つの思いが心に浮かんできたのです。

世の中で「使命」という言葉が語られる。
その意味は、「天から使いとして命ぜられた役目」という意味。

しかし、実は、「使命」という言葉には、
もう一つの意味がある。

なぜなら、「使命」と書いて、「命を使う」とも読める。

されば、「使命」とは、
己の命を何に使うかという、覚悟のことではないか。
かけがえのない命を何に使うかという、覚悟のことではないか。

その思いが、心に浮かんできたのです。

こうして、三八年前、私は、一つの覚悟を定めました。

大いなる何かが、
この逆境を与えることによって、
自分を育てようとしている。
そして、自分を育てることによって、
多くの人々の幸せのために、
素晴らしい何かを成し遂げさせようとしている。

その覚悟を、心に定めたのです。

しかし、この覚悟を定めて歩み始めると、
不思議なことが起こったのです。

病が、消えていったのです。

なぜ、可能性が開花し始めるのか

もちろん、病が突然消えたわけではありません。
病の症状そのものは、それから十年、続きました。
少しずつ消えていきながらも、十年、続きました。

最初に消えたのは、後悔と自責の心、そして、不安と恐怖の心でした。

それまでは、毎日、
「ああ、なぜ、こんな病になったのか……」と
過去を悔い、自分を責める思いが、心を占めていました。

また、毎日、
「ああ、この病、これからどうなっていくのか……」と
未来を憂い、病の不安と死の恐怖に怯える思いが、心を占めていました。

しかし、「いまを生き切る！」という覚悟を定めた瞬間から、
この後悔と自責の心、不安と恐怖の心が、消えていきました。

そして、

「過去を悔いることに、大切な時間を使うことはしない。
未来を憂うることに、大切な時間を使うことはしない。

天から与えられた、この貴い時間を、意味のあることに使おう。
世の中に光を届ける仕事に、このかけがえのない時間を使おう」

そう思い定め、体の不調を抱えながらも、
毎日、「これが自分に与えられた使命だ」と思う仕事に
力を尽くして取り組んでいると、
心の奥深くから生命力が湧き上がってきたのです。

その生命力が勝《まさ》ったのでしょうか、
いつか、病は、去っていきました。

そして、それは、
生命力に満ち溢れ、その結果、病が消えていく
ということだけではありませんでした。

さらに想像を超えたことが起こったのです。
不思議と呼ぶべきことが起こったのです。

そうして、生命力が満ち溢れてくると、
なぜか、自分の中に眠っていた様々な可能性が
開花し始めたのです。

例えば、「直観」が閃くこと。
例えば、「運気」を引き寄せること。

そうしたことが、起こり始めたのです。

そして、そうした不思議な体験の中で、
いつか、「第五の覚悟」が定まったのです。
では、それは、いかなる覚悟か。
次に、そのことを話しましょう。

第五話

逆境を越える叡智は、すべて、与えられる

叡智が与えられる「五つの形」

それでは、「第五の覚悟」とは、何か。

逆境を越える叡智は、すべて、与えられる

そう心に思い定め、信じることです。

では、なぜ、その覚悟が大切か。

その覚悟を定めたとき、
目の前の逆境を越えるために必要な「叡智」が、
想像を超えた形で与えられるからです。
不思議な形で与えられるからです。

では、その「叡智」は、具体的に、どのような形で与えられるのか。

それは、様々な形で与えられますが、
ここでは、私の体験を踏まえ、「五つの形」を紹介しましょう。

「直観」が求められる人生の問題

第一は、「直観」という形で与えられます。

すなわち、目の前の「難題」や「逆境」にどう処すべきか、
その叡智が、「直観」という形で閃きます。

例えば、人間関係において、
ある人物との間で感情的な軋轢が生まれたとき、
いま、この人物と深く話し合い、心の和解の道を探るべきか、
それとも、
しばらく冷却期間を持ち、相手の感情が収まるのを待つべきか、
それは、一概に、どちらが良いと言えないものです。

その軋轢が生まれた状況、
相手の人柄や性格、
これまでの相手との関係、
自分自身の心の状態、
周囲の人々に与える影響など、
様々なことを考えなければ、決まらないものです。

しかし、「考える」と言っても、その問題の複雑さゆえに、
いわゆる「論理思考」によって考えても、決して答えは出ません。

従って、こうした場面では、「直観」で決めるしかない。

また、例えば、いまの仕事が自分に合わないと思い、
会社を辞めたいと思ったとき、
色々な不安はあっても、思い切って会社を辞め、
自分を生かせる新しい仕事を見つける努力をするべきか、
それとも、
そうした先行きの不透明な状態に身を置くのではなく、
現在の会社で、仕事に働き甲斐を見つける努力をするべきか、
それも、一概に、どちらが良いと言えないものです。

現在の仕事の内容、
自分の希望と適性、
上司や仲間との人間関係、
転職によって希望する仕事に就ける見込み、
その会社で自分が置かれている状況など、

様々なことを考えなければ、決まらないものです。

そして、こうした問題も、やはり、その複雑さゆえに、「論理思考」によって考えても、決して答えは出ません。

従って、こうした場面も、「直観」で決めるしかない。

あなたも、人生の様々な難題の前で、
その「直観」が求められたことがあるでしょう。

では、どうすれば、その「直観」が閃くのか。
どうすれば、正しい「直観」が働くのか。

直観が閃く「こころの技法」

そのことを、私は、様々な体験から学びましたが、その一つが、第二話で述べたエピソードです。

いよいよスタート間近になったプロジェクトが、
突如、吹き飛ぶような状況において、
瞬間的な判断で、あの二人の部下に語った言葉。

「おめでとう！　大変な正念場がやってきたな！」

この言葉は、私の心の中で「直観的」に閃いた言葉です。
しかし、この「直観」が閃く前に、
私は、心の中で、こう祈っていました。

「いま、この二人の部下に、語ってあげるべきことを、導きたまえ」

そう「全託」の思いで祈っていました。
すべてを、「大いなる何か」に託する思いで祈っていました。

実は、人生における難題に直面したとき、逆境に直面したとき、
私は、いつも、こうした「全託」の思いで祈ります。

「導きたまえ」

その「全託」の祈りを捧げます。
すると、必ずと言って良いほど、ある「直観」が閃くのです。
ある「考え」が、心の奥深くから湧き上がってくるのです。
それは、いつもながら、不思議な体験です。
科学では説明できない、不思議な体験です。

なぜ、祈ると「直観」が閃くのか

しかし、ここで大切なことを申し上げましょう。

こうしたことは、実は、三八年前の「生死の体験」以前には、
あまり起こりませんでした。

なぜなら、二〇代の私は、
こうした「直観」が閃くタイプの人間ではなく、
むしろ「論理思考」が得意な人間だったからです。

大学院での博士論文も、「システム工学」を応用した研究論文であり、
論文執筆のために、毎日、数式と格闘し、
世界の様々な現象は、すべて数学の方程式で表現できると考える
「論理思考」型の人間だったのです。
決して、「直観」が閃くタイプの人間ではなかったのです。

しかし、三八年前に、
あの禅寺で「いまを生き切る」という覚悟を掴み、
日々、その生き方を行ずるようになってからは、

そして、「すべては導かれている」という覚悟を定めてからは、
不思議なほど、様々な場面で「直観」が閃くようになってきたのです。

最初は、病を超えていくために、
いま、自分の生活を、どう正していくべきか、
いま、心の姿勢を、どう正していくべきか、
様々な「直観」が閃くようになってきました。

そして、次には、
仕事と生活において直面する様々な問題についても、
「直観」が閃くようになってきました。

そして、いつか、気がつけば、
創造性の求められる仕事においても、
自然に「直観」が閃くようになったのです。

そのため、いつか、私自身は、
仕事や生活において何かの問題に直面し、
その答えの方向を知りたいとき、
どう処すべきかを知りたいとき、
心の中で、静かに祈ることが習慣になっていきました。

その祈りとは、

「この問題、導きたまえ」

という素朴な祈りなのですが、心を整えて、そう祈ると、
なぜか、不思議なことに、「直観」が閃くのです。

だから、あなたにも、人生の難題に直面したとき、
具体的な対策を考えられる前に、心を整え、
そう祈られることを勧めます。

必ず、何かが起こります。何かが導かれます。

では、なぜ、「全託」の心境で祈ると、直観が閃くのでしょうか。

羽生棋士が待った「静寂」

そのことを考えさせてくれる、一つの興味深いエピソードがあります。

それは、一九九四年に行われた将棋の竜王戦、第六局、羽生善治棋士と佐藤康光棋士の対戦でのことです。

進行係から開始の合図があったにもかかわらず、先手である羽生棋士が、なかなか初手を指さない。眼を閉じ、考え込んでいる風情のまま、時間が過ぎていきます。

そして、控室で観戦している人々がざわめき始めたとき、
羽生棋士は、眼を開け、ようやく初手を指しました。

このときのことが、後日、
詩人の吉増剛造氏との対談で話題になりました。
吉増氏から、「あのとき、迷いが出たのですか」と問われ、
羽生棋士は、こう答えました。

「いえ、そうではありません。
静寂がやってくるのを待っていたのです」

これは、もとより、
「会場の人々のざわめきが無くなる」という意味ではありません。
「心に静寂がやってくる」という意味です。

そして、この羽生棋士の言葉は、
一つの真実を、我々に教えてくれます。

最も大切な勝負の瞬間や、
最も重要な決断の瞬間には、
深い「直観」が求められる。

しかし、
深い「直観」が働くためには、
深い「静寂」が求められる。

この羽生棋士のエピソードは、
そのことを教えてくれます。

すなわち、
我々の中で「直観」が正しく閃くためには、

我々の心が「静寂」でなければならないのです。

それゆえ、先ほど、祈るときに「心を整えて」と申し上げたのです。

では、心が「静寂」であるとは、いかなることか。

「心の静寂」とは何か

それは、心の中に「雑音」が無いという状態のことであり、
すなわち、心の中に「雑念」が無いという状態のことです。

そして、「雑念」とは、
心の中の「小さなエゴ」が生み出すものであり、
それゆえ、「静寂」とは、
心の中の「小さなエゴ」が静まっている状態のことと言えます。

では、なぜ、
「我々の人生は、大いなる何かに導かれている」という覚悟を定めると、
「直観」が閃くのか。

なぜなら、「導かれている」という覚悟は、
「全託」の境地だからです。

「全託」とは、文字通り、
「すべてを天に託する」という覚悟のこと。
「すべてを天に委ねる」という覚悟のこと。

心の中の「小さなエゴ」の欲望や願望に振り回されることなく、
「すべては、導かれている」と心の底から信じ、
「すべてを、その導きに委ねよう」と思い定めることです。

それゆえ、「全託」の境地になるとき、

心の中の「小さなエゴ」は、静まっている状態になります。

そして、その境地こそが、

「無心」

と呼ぶべきものなのです。

「無心」とは、必ずしも
「何も考えない」「いかなる思考も無い」ということではありません。
心をそうした状態にすることは、極めて難しいことです。

現実の場面で、我々がめざすべき「無心」とは、
心の中を「私心」が支配していない状態のことであり、
心の中で「小さなエゴ」が騒いでいない状態のことです。

そして、「直観」は、その「無心」のときに閃く。

それが、真実なのです。

「天才的直観」が閃く条件

そして、このことは、
「難題に直面したとき、その答えの方向を教える直観」だけでなく、
「創造的なアイデアが必要なとき、それを教える直観」にも共通です。

例えば、ノーベル賞を受賞するような科学者のアイデアは、
どのようなとき、生まれてくるのか。

まさに「天才的直観」と呼ぶべき素晴らしいアイデアは、
どのような瞬間に、生まれてくるのか。

そうした「直観」は、
「答えを見つけよう」と必死に考えているときには、決して閃きません。

不思議なことに、そうした「直観」は、
「答えを見つけよう」と必死に考え、考え、考え尽くして、疲れ果て、
一度、その問題から離れ、休息をとったときや、睡眠をとったとき、
さらには、他の仕事に集中したときや、何かの遊びに没頭したとき、
突如、閃くことが多いのです。

言葉を換えれば、
「答えを見つけよう」という意識が強すぎるときには「直観」は閃かないのです。
「答えを見つけよう」というエゴが強すぎるときには「直観」は閃かないのです。

一度、その意識から離れ、エゴが静まり、「無心」の状態になったとき、
不思議なことに、「直観」が閃くのです。「直観」が働くのです。

そして、その「無心」の状態が生まれるのは、
その問題から離れて休息をとったり、睡眠をとったとき、
他の仕事に集中したり、何かの遊びに没頭したときだけではありません。

この「無心」の状態は、先ほど述べたように、
「自分で、この問題の答えを見つけよう」という意識を捨て、
「大いなる何かが、この問題の答えを教える」と信じ、
その問題の解決を「全託」したときにも、生まれます。

これが、第一の形、「直観」という形で与えられる「叡智」です。

しかし、この「直観」は、決して何か特殊な能力ではありません。
昔から「勘」や「第六感」という言葉で語られてきたものであり、
かつては、誰でも、仕事や生活において、自然に使っていた能力ですが、
残念ながら、科学技術の発達と合理思考の普及に伴って、
現代においては、多くの人が失ってしまった能力でもあります。

しかし、私のような、科学教育を受け、合理思考を学んだ人間でも、
そして、若い頃、あまり優れた「直観力」を持っていなかった人間でも、
ひとたび、「すべては導かれている」という覚悟と、
「必要な叡智は、すべて与えられる」という覚悟を定めるならば、
不思議なほど、必要な場面で「直観」が閃き、
重要な問題について、「勘」や「第六感」が働くようになっていきます。

だから、あなたの中にも、必ず、優れた「直観力」が眠っています。
問われているのは、「覚悟」なのです。

危機を教える「予感」

では、第二の形は何か。

第二は、「予感」という形で与えられます。

例えば、私が、シンクタンクの部長を務めていた時期に、その「予感」で救われたエピソードがあります。

それは、米国のベンチャー企業との提携交渉に臨んだときのことです。

その企業のソフトウェアは、最新の技術を用いたものであり、専門家の評価も高いものでした。
そこで、そのソフトウェアの販売権を得たいという担当者の要請により、部長として、その交渉の席に臨んだのです。

たしかに、その企業の説明を受けるかぎり、優れた技術のようでした。
従って、担当者も、このベンチャー企業との販売契約を交わし、日本での代理店の立場を得たいとのことでした。

しかし、その交渉の席で話を進めていく中で、
なぜか、私はその契約に乗り気になれなかったのです。

それは、心の奥深くで、何かの「違和感」を覚えたからです。
そして、交渉の最中、ずっと、その感覚が消えなかったのです。

そこで、私は、担当者に私の意見を率直に伝えました。
「残念ながら、この企業と提携することには、賛成できない」
それが、部長としての直観的判断でした。

そして、この提携を見送ってから一年も経たないうちに、
そのベンチャー企業の話が伝わってきたのです。

この企業と提携してソフトウェアの販売を行った会社が、
そのソフトウェアに入っていた欠陥のため、
製品回収の事態に追い込まれ、大きな損害を被ったという話でした。

これは、「予感」によって、仕事での危機を逃れたというエピソードです。

また、私生活でも、この「予感」によって、危機を逃れたことがあります。

無意識に避けていた危険

一九八五年のことです。

その当時の私は、毎週末、自家用車で湘南の知人の家に行き、その知人とゆっくり話をしてから東京の自宅に戻っていました。

自宅には、一二時前には戻りたかったので、夜一〇時になると必ず、その家を出て、車で東京に向かうという習慣を守っていましたが、ある夜、特に重要な話をしていたわけでもないのに、なぜか、話が続き、腰が重くなっていました。

頭の隅では、「一〇時を回った、さあ、帰らなければ」と思っているのですが、なぜか、その夜だけは、帰ろうという心の動きにならなかったのです。

そして、いつもの時刻を一時間余り過ぎ、一一時を回った頃、
ようやく、帰ろうという気になり、その家を辞して、東京に向かったのです。

しかし、いつものように車を走らせ、東名高速に乗ったところで、
恐ろしい光景を目撃しました。
道路が血の海になっていたのです。
それは、酷い自動車事故が起こった直後の現場でした。
私は、思わず目を背けながら、その事故現場を後にし、自宅に帰りました。

翌日、新聞に載った、その自動車事故の記事を読むと、
高速道路を渡る橋からの投身自殺があり、
それに巻き込まれた車が横転大破し、運転手が車から投げ出され、
重傷を負って亡くなったとのことでした。

しかし、その記事で、事故が起こった時刻を確認した瞬間に、
私は、背筋が寒くなりました。

その時刻は、私の車が、いつも、その場所を通る時刻だったのです。

そして、その瞬間、
なぜ、あの夜だけ、帰ろうという気にならず、出発が遅れたのか、
私は、その意味を理解しました。
何かの「予感」が、この事故を知らせたのでしょう。
その「予感」のお陰で、私は、災難を免れたのです。

昔から、人々の間で「嫌な予感」という言葉が使われますが、
人間には、なぜか、迫ってくる危機や待ち受けている危険を
未然に察知する一種の「予知能力」が働くときがあります。
それが、ときに「予感」として与えられるのですが、
それは、心の奥深くから聞こえてくる声として、
また、心の奥深くから湧き上がってくる感覚として与えられます。

この「予感」という力も、必ず、あなたの中に眠っています。

なぜ、「未来の記憶」を体験するのか

また、こうした「予感」は、ときに、「未来の記憶」とでも呼びたくなるような形で与えられることがあります。

なぜか、未来の出来事が事前に見えていたように感じる体験です。

例えば、一九八九年の夏のことです。

私は、仕事で都内を移動するためにタクシーに乗っていました。

そのとき、赤坂見附から弁慶橋の方に向かって進む車の中から、正面に建設中の高層ビルが、ふと目に入ったのです。

なぜか、そのビルのことが気になり、思わずタクシーの運転手に、「運転手さん、あのビルは、何というビルですか」と訊きました。

運転手からは、「ああ、あれは紀尾井町ビルですよ」との答え。

自分でも、なぜ、そんな質問をしたのか分かりませんでした。
私の人生においては、後にも先にも、タクシーの中で、目に入ったビルの名前を訊くといったことは、無かったからです。

しかし、その年の一二月、不思議な縁に導かれるように、私は、あるシンクタンクの創設に参画することを誘われ、熟慮の末、M社を辞して、そのシンクタンクに転職することを決めたのです。
転職を決めたとき、私は、そのシンクタンクの設立を準備している部長に、「ところで、このシンクタンクの本社は、どこに置くのですか」と訊いたのです。
その答えを聞いて、私は、あの夏の不思議な感覚の意味を知りました。

本社を置く場所は、その紀尾井町ビルだったのです。

実は、私の人生において、こうした「未来の記憶」と呼ぶべき出来事は、数え切れないほどあります。

道を歩いていて、あるマンションが気になる。
どうしてかと思うのですが、その理由は分からない。
しかし、数か月後、ある経営者との縁を得て、その自宅に招かれる。
その自宅が、あの気になったマンションであった。
テレビを観ていると、ある人物が出演している。
その人物を見ていると、ふと、心の奥深くから、
「この人とは、何かの縁があるのでは……」という感覚が湧き上がってくる。
すると、しばらくして、知人の紹介で、その人物と会うことになる。

そうしたことは、数え切れぬほどあります。
しかし、これは、決して、
私が何かの超能力や霊感を持っているといったことを
述べたいのではありません。

むしろ、こうした「未来の記憶」といった体験を持つ人は、

実は、日常の身の回りにも、かなりいます。

個人的に話をすると、その体験を語ってくれる人も少なくないのです。

ただ、誰もが、そうした不思議なことが起こる理由が分からないため、誤解されることを恐れ、あまり、人に語らないのです。

実は、私も、これまで、こうしたことを公に話すことを控えてきました。

おそらく、あなたにも、同様の経験があるのではないでしょうか。

人生に「星座」を見る力

では、第三の形は何か。

第三は、「コンステレーション」を感じる、という形で与えられます。

この「コンステレーション」とは、心理学用語ですが、日本語では「布置」と訳されています。

そして、「コンステレーションを感じる」とは、
人生において起こる、表面的には互いに無関係な幾つかの出来事の間に、
何かの「関係」を感じ取り、「意味」を見出し、
「物語」を読み取ることです。

なぜなら、この「コンステレーション」とは、
本来、英語で「星座」を意味する言葉だからです。

我々は、夜空を見上げ、
「あれは、オリオン座だ」「あれは蠍座だ」と言いますが、
実は、そのオリオン座や蠍座を構成する星は、それぞれ、
数百光年以上も離れた距離にある、本来、全く関係の無い星々です。
しかし、我々は、それらの星々を眺めながら、
そこに「オリオン」の姿を見出し、「蠍」の姿を見出し、
さらには、蠍座が東の夜空に姿を現す夏の季節には、

その蠍座から逃げるように、オリオン座が西の夜空に姿を消していくという「物語」を語ります。

同様に、我々は、人生において起こる幾つかの出来事に対して、ときおり、この「コンステレーション」を感じ取ります。

例えば、定年を何年か先に控えた、ある日、
朝、出勤前に、テレビを観ていると、
高齢者介護の社会問題について報じている番組が目に入った。

その日、会社に行くと、人事部から声を掛けられ、
早期退職に伴って退職金が増額される制度について、説明を受けた。

その会社の帰り、夕方、街頭を歩いていると、
若者と年配の人々が一緒になってチラシを配っている
環境保護を訴えるＮＰＯの活動が目に入ってきた。

夜、一人で考えていると、
今日起こった、それらの出来事が、何か関係のある出来事のように感じられ、
ふと、この早期退職制度を生かして、元気なうちに会社を離れ、
「高齢者介護サービス」を提供するＮＰＯを立ち上げてはどうかという思いが、
心に浮かんできた。

このように、我々は、人生において起こる、一見、無関係な出来事の間に、
何かの「意味」を感じ取ります。

そうした無関係に見える出来事が、
何かの「メッセージ」を伝えてきているように感じ始めます。
それが、自分の人生を導く何かの「メッセージ」であるように感じ始めます。

あなたにも、こうした経験があるのではないでしょうか。
もし、あるならば、そうした経験を大切にされるべきです。

なぜなら、
我々が、こうした「コンステレーション」を感じ取る習慣を身につけ、
日々の仕事と生活において、その習慣を続けていくと、
さらに、不思議なことが起こり始めるからです。
それが第四の形です。

「不思議な偶然」が起こる理由

では、その第四の形とは、何か。

第四は、「シンクロニシティ」が起こる、という形で与えられます。

「シンクロニシティ」とは、ユング心理学などで使われる言葉ですが、
日本語では「共時性現象」と訳され、
我々が心の中で考えていることと、現実に起こる出来事の
「不思議な偶然の一致」のことです。

例えば、心の中で、誰かのことを思い浮かべた瞬間に、その人物から電話がかかってくるといった出来事です。そうした「不思議な偶然」を経験したことがある人は、決して少なくないでしょう。

また、極端な例では、図書館で調べ物をしているとき、たまたま体が棚にぶつかって落ちてきた本の、偶然に開いた頁に、その欲しい情報が書いてあったといった体験を報告する人もいます。

私が体験したシンクロニシティの例で言えば、一九九七年に不思議なことがありました。

私は、週末のドライブで、しばしば富士の地域を訪れていたのですが、その地域にある会員制の貸別荘のメンバーになることを考えました。比較的安い会費で、週末に滞在できる貸別荘でしたので、色々考えた末、会員になることを決め、仮契約の手続きをしたのです。

しかし、手続きを終え、その別荘を辞し、森の中を車で走っているときでした。

ふと、ある疑問が、心に浮かんできたのです。

それは、「はたして、この契約をして良いのだろうか」という疑問でした。

そこで、車を止め、いつものように「導きたまえ」と祈ったのです。

そして、また車を走らせ始めると、道の先にカフェが目に入ってきました。

その瞬間、心の奥深くから、ある考えが湧き上がってきたのです。

「このカフェに入って、店主に、この貸別荘の評判を聞いてみよう。
もし、店主が、この貸別荘について、何か否定的な評判を語ったら、
やはり、この契約は見直そう。そうでなかったら、本契約に進もう」

そこで、その考えに従い、店に入り、コーヒーを注文し、
タイミングを見計らって、店主に聞いたのです。

「ご主人、あの貸別荘の評判は、どうですか」

すると、その店主は、即座に、こう答えたのです。

「お客さん、あの貸別荘よりも、うちの別荘を借りないですか。

実は、私の持っている古い別荘を貸別荘にしようと思って、
今朝から、店のその入り口に、写真を貼り出したところなのですよ」

不思議な偶然でした。

こちらは、その日、貸別荘の会員になることを考え、仮契約を終えた。
店主は、その日、自分の別荘を貸別荘にしようと、店頭に写真を飾った。
そして、私は、心の奥深くの声に導かれるようにして、この店に入った。

その不思議な偶然のお陰で、
店主の好意もあり、破格の費用で、その別荘を借りることになったのです。

しかも、この話には、「危機を避ける」という意味での
不思議な偶然も伴っていました。

後日、分かったことですが、その会員制貸別荘の運営会社は、
後に、契約上の問題で、トラブルが多発した会社だったのです。

これも、私にとっては、象徴的な「シンクロニシティ」です。

ただ、こうしたシンクロニシティの不思議さを、
ある知人に話したところ、
その知人は、ブータンに永く滞在し、
ブータンの人々の生活を良く知っている人だったのですが、
あっさりと、こう言われました。

「ブータンでは、普通の人々が、日常のように、
シンクロニシティを体験していますよ」

たしかに、そうかもしれません。
この日本という国においても、かつては、普通の人々が、
当たり前のように、こうした言葉を語っていました。

「以心伝心だ」
「何かの虫が知らせた」
「背後に視線を感じた」

現在でも、こうした不思議な体験を口にする人は、決して少なくありません。

さて、では、この「シンクロニシティ」が起こるようになると、さらに、何が起こるのか。
それが、叡智が与えられる第五の形です。

誰もが感じている「運気」の存在

では、第五の形とは、何か。

第五は、「運気」を引き寄せる、という形で与えられます。

この「運気」ということについては、昔から、多くの議論がなされており、簡単に述べられない面もありますが、科学的には、その存在が何も証明されていないにもかかわらず、実際には、多くの人々が、その存在を信じているものです。

それゆえ、我々も、日常会話の中で、

「あの人は、運が強い」

「運気が下がっている」

「運が巡ってきた」

といった言葉を、当たり前のように使っています。


そこで、ここでは、「運の強さとは何か」について考えさせられる興味深いエピソードを紹介しておきましょう。

かつて、ある研究者が、政治家、経営者、文化人、芸術家など、様々な分野で優れた仕事を成し遂げ、世の中から「成功者」と呼ばれる人物について、調査を行ったのです。

それは、これらの人物が書いた数多くの自叙伝や回想録を読み、その中で、最も多く使われている言葉を調べたのです。

しかし、その結果は、意外なものでした。

最も多く使われていた言葉は、「努力」や「信念」といった言葉ではなかったのです。

「たまたま」
「ちょうどそのとき」
「ふとしたことから」

そういった「偶然の出来事」によって人生が導かれたことを語る言葉が、最も多く使われていたのです。

この話を聞くと、あなたは、
「やはり、成功者は、運が強い」と思われるかもしれません。

たしかに、ある意味では、「運が強い」のですが、
しかし、その「運の強さ」と呼ばれるものの背後にあるのは、実は、
「シンクロニシティ」なのです。

すなわち、「成功者」と呼ばれる人物は、ある意味で、
人生の重要な岐路において、「不思議な偶然」が起こる人なのです。
「シンクロニシティ」を引き寄せる人なのです。
その不思議な偶然を、
「たまたま」「ちょうどそのとき」「ふとしたことから」
といった言葉で表現しているだけなのです。

では、その「シンクロニシティ」を引き寄せる力とは、何か。

その力を身につけるためには色々な条件がありますが、
一つ、大切な条件を述べるならば、
それは、「意味を感じる力」です。

すなわち、
偶然と見える出来事の中に「大切な意味」を感じ取る力。
偶然と見える出来事の中に「自分を導く声」を感じる力。
それが大切です。

そして、これらの「成功者」は、その優れた力を持っていた。

これらの「成功者」は、日常の偶然の中に「意味」を感じる力が鋭いのです。
そのため、しばしば、人生において「シンクロニシティ」が起こるのです。
同様に、我々もまた、「意味を感じる力」を磨いていくと、
不思議な形で「シンクロニシティ」が起こり、
自然に「運気」を引き寄せるようになります。

だから、もし、あなたが、「意味を感じる力」を磨いていくならば、
身の回りで「シンクロニシティ」が起こるようになります。
そして、仕事や生活において「運気」を引き寄せるようになります。

我が業は、我が為すにあらず

さて、ここまで述べてきたように、「いまを生き切る」という覚悟を定め、
「すべては導かれている」という覚悟を定め、力を尽くして歩むと、
不思議な形で、その逆境を越えるための「叡智」が与えられます。

それは、ときに、「直観」や「予感」の形で与えられ、
ときに、「コンステレーション」を感じ、「シンクロニシティ」が起こり、
「運気」を引き寄せるという形で与えられます。

そして、それは、まもなく、
「逆境を越えるための叡智」という形だけでなく、

「人生を拓くための叡智」という形でも与えられるようになります。

私の場合、あの大病を与えられて以来、与えられた一日一日を、
「今日という一日を生き切る」と思い定め、生きてきましたが、
その結果、心の奥深くから生命力が湧き上がり、
病を超えることができただけでなく、
人生の様々な問題についての「直観」が閃くようになり、
人生の様々な進路についての「予感」が生じるようになりました。

そして、さらに、日々の仕事を良き方向に進めるための
「創造性」や「想像力」が働くようになってきたのです。

振り返れば、私は、あれ以来、三〇年の歳月を超えて、
斬新なアイデアやコンセプトが求められ、
未来のビジョンやイマジネーションが求められる
シンクタンクの世界を歩んでくることができました。

そして、三〇年近くの歳月、
創造性や想像力が求められる、
著者としての道を歩んでくることができました。

しかし、正直に申し上げるならば、
それらのアイデアやコンセプト、ビジョンやイマジネーションは、
いずれも、「自分の才覚で生み出した」という感覚ではなく、
「何かに導かれるように、心の奥深くから湧き上がってきた」
という感覚なのです。

こう述べると、多くの人は、驚かれるかもしれません。
しかし、それは決して、謙虚さを装って述べているわけではないのです。
本当に、そうした感覚なのです。

必要なアイデアは、何かに導かれるように、
心の奥深くから湧き上がってくる。

それが、正直な感覚なのです。

しかし、こうした感覚は、私だけが抱く感覚ではないと思います。

どのような分野でも、
創造的な作品づくりに取り組む人間や、
創造性が求められる仕事に取り組む人間は、
その修業を続けていくと、
いつか、必ず、たどり着く世界でもあると思います。

例えば、本書の最初に述べたように、
版画家の棟方志功は、次の言葉を残しています。

「我が業は、我が為すにあらず」

すなわち、
「自分の仕事は、自分が成し遂げた仕事ではない。
大いなる何かが、自分を通じて成し遂げた仕事である」
という言葉。

その感覚は、こうした優れた先人たちに比肩すべくもありませんが、
及ばずながら、私自身の中にもあります。

この本は、誰が書いたのか

例えば、自宅の書棚に行くと、私自身が過去三〇年間に書かせて頂いた
数十冊の本があります。

それらの著書のテーマは、
生命論や弁証法、資本主義や情報革命、日本型経営や戦略思考、
リーダーの心得やプロフェッショナルの技術、仕事の思想や成長の技法、

人間関係の心得や人生論、直観力や運気論など、多岐にわたりますが、いま、どの著書を手に取ってみても、不思議な感覚に襲われるのです。

「この本は、本当に、自分が書いたのだろうか……」

その感覚に襲われるのです。

こう述べると、「奇妙なことを言う」と思われるかもしれませんが、実際、その感覚に襲われるのです。

もちろん、これらの本は、いずれも自分自身が書いたものなのですが、「同じ本を、いま書け」と言われても、書けないような気がするのです。

なぜなら、私にとって、一冊の著書が生まれてくるのは、いつも、「何かに導かれるようにして、このテーマについて書いた」というときだからです。

縁に導かれるようにして、ある編集者と出会う。
その編集者と深く語り合っていると、何かが共鳴し、
自然に、一つのテーマが生まれてくる。
そして、そのテーマで一冊の本を書こうと思うと、
なぜか、執筆に必要な情報が自然に目に入ってくる。
また、新たなアイデアやコンセプトが自然に湧き上がってくる。
それらに導かれるようにして、一気に、一冊の本を書き上げる。

書き上げている最中は、
自分の中から、そのテーマを語るに相応しい人格が現れ、
そのテーマを語るに相応しい心の状態で、一気に書き上げるのですが、
その著書を書き終わり、自分の手を離れ、しばらく時間が経つと、
自分が書いた本が、自分が書いたのではないような感覚に襲われるのです。

実は、いま書いているこの本も、誤解を恐れずに言えば、
何かに導かれるような感覚で筆を進めています。

そして、さらに付け加えれば、
もう一つ、自分でも不思議なことがあります。

著者として歩んだ三〇年の歳月を振り返れば、先ほど述べたように、私は、思想や哲学、経済や社会、経営や戦略、技術や心得、仕事や人生といった様々なジャンルでの本を上梓してきました。
しかし、なぜ、そのように、様々なジャンルの本を書けるのか、様々なテーマの本を書けるのか、自分でも不思議なのです。

私は、決して、多読家ではありません。
また、才能に溢れた人間でもありません。
ただ、一つだけ言えることは、
どの本も、何かに導かれるようにして書いてきたことであり、
その本を書くのに必要な中核的なアイデアやコンセプトは、
必要なタイミングで、自然に湧き上がってきたということです。

もとより、一冊の本を書き上げるのに、
全体構成を考える、情報を集める、
文章を書きおろす、文章を推敲する、
といった作業は、他の著者と同様、私も最善を尽くして行っています。

しかし、本の題名や副題、中核的アイデアやコンセプトは、
人事を尽くして懸命に考えてはいますが、最後は、
頭で考えつくのではなく、心の奥深くから湧き上がってくるのです。
それは、「何かに導かれる」という不思議な感覚の中で、与えられるのです。

しかし、これは決して、私だけの特殊なことではありません。
あなたの中にも、そうした「叡智」が眠っています。

もし、あなたが、「いまを生き切る」という覚悟を定め、
「必要な叡智は、すべて、与えられる」ということを深く信じ、
力を尽くして、目の前の仕事に取り組むならば、

必ず、あなたの心の奥深くから「叡智」が湧き上がってきます。

「不思議なこと」が起こる条件

ただ、必要な「叡智」が湧き上がってくるときは、
一つ、条件があるのです。

それは、自分の心が「小さなエゴ」を超えた世界にいるとき、
必要な「叡智」が湧き上がってくるということです。
逆に言えば、心が「小さなエゴ」に囚われているときは、
その「叡智」が湧き上がってきません。

例えば、本を書くとき、
「いかにしてベストセラーを作るか」といった発想を抱いているときは、
決して、良いアイデアは生まれてきません。

しかし、幸いなことに、私は、
三八年前から、一つの思いを定めて歩んできました。

「もう、今日という一日しかない。
今日という一日を、力を尽くして歩もう」

「この本が、自分にとって最後の本になるかもしれない。
そうであるならば、ささやかでも良い、
世の中に光を届けられる本を書こう」

そう思い定め、本を書いてきました。

そして、なぜか、そうした心境のとき、
本を書くために必要なアイデアやコンセプトが
何かに導かれるように、湧き上がってくるのです。

では、そもそも、なぜ、
必要なときに、必要な「直観」や「予感」が与えられ、
「コンステレーション」を感じ、「シンクロニシティ」が起こり、
「運気」を引き寄せるということが生じるのでしょうか。
こうした、想像を超えること、不思議なことが起こるのでしょうか。

次に、そのことを述べましょう。

終話

なぜ、人生で、不思議なことが起こるのか

未来を写していた写真

なぜ、こうした不思議なことが起こるのか。

これまでの科学は、こうした問いに対して、
人間の精神の活動は、すべて脳神経の働きであり、
そうした「不思議な出来事」と思えることは、
すべて、脳の活動が生み出す「錯覚」や「幻想」であると答えてきました。

私も、永く科学者としての道を歩んできた人間ですので、

こうした説明には、たしかに納得したくなる部分もあるのですが、やはり、人生において、数々の「不思議な出来事」を体験してくると、そうした唯物論的な考えだけでは、どうしても説明がつかないことがあるのです。


例えば、一九八五年のことです。

私は、会社の仕事の関係で、米国のワシントン州のR市にある、ある国立研究所を訪問しました。

そして、金曜日に仕事を終え、週末をホテルで過ごしていたところ、その研究所に勤める米国の友人が、私をドライブに誘ってくれたのです。

そのドライブの最中、友人が、知人への届け物があるということで、市内の、ある住宅街に立ち寄りました。

彼が届け物をしている間、私は、カメラを取り出し、車を降り、その住宅街の風景を、何気なく、何枚かの写真に収めたのです。

しかし、その写真は、帰国後、他の海外出張の写真などと一緒に無造作に写真箱に投げ込まれ、私の記憶からは全く消えていました。

そして、それから二年後の一九八七年、私は、何かの縁に導かれ、
この研究所に客員研究員として勤めることになり、
着任後、R市内に、ある住宅を見つけ、その家に住むことになりました。

しかし、この研究所での一年半の勤務を終え、
帰国のための荷造りをしているときでした。
たまたま、その写真箱が目に留まり、
過去の海外出張の写真を取り出し、懐かしく眺めていたところ、
ふと一枚の写真が目に入り、次の瞬間、目が釘付けになったのです。
それは、三年半前のあのドライブのとき、
何気なく撮った数枚の写真の一枚でした。
その写真は、ある住宅を真正面から写したものでしたが、
その住宅は、驚くべきことに、いま住んでいる家だったのです。

これは、単なる偶然なのでしょうか。
ドライブの最中、何気なく、一軒の住宅の写真を撮った。

その市内に無数にある住宅のうち、一軒を、無意識に撮った。
一方、着任後、無数の住宅のうち、偶然、一軒の住宅を見つけ、そこに住んだ。
しかし、不思議なことに、その二つの家は、同じ家であった。

それは、単なる偶然なのでしょうか。
それとも、私が米国で住む家は、二年前から決まっていたのでしょうか。

私は、必ずしも、「二年前から決まっていた」と申し上げるつもりはありません。
しかし、私は、人生において、
こうした「不思議な出来事」を、数え切れぬほど体験してきたため、
正直に申し上げれば、現在では、
「我々の生きている世界には、人間の理解を超えた何かがある」と思っています。

そして、できることならば、理性的な方法で、
その「人間の理解を超えた何か」を知りたいと思っています。

では、そうした「不思議な出来事」を説明できる考えというものがあるのか。

不思議を説明する「三つの仮説」

その説明のために、昔から一つの有力な仮説とされてきたのが、「潜在意識の働き」という考えです。

例えば、鋭い直観が閃くことや、斬新なアイデアが生まれてくることは、「潜在意識」のレベルで、人間が理解できない情報処理が行われた結果であるという仮説です。

実際、私の経験でも、新しいアイデアは、「意識」のレベルで徹底的に考え抜いた後、一度、眠る、休む、他のことを考えるといった形で、そのテーマを忘れ、「潜在意識」の働きに委ねたとき、なぜか、突然、心の奥深くから浮かんでくるということは、事実です。

そして、その「潜在意識」の存在や働きについては、昔から、フロイトなどの心理学者をはじめ、文学者、芸術家、啓蒙家など、多くの識者が語ってきたことでもあります。

しかし、残念ながら、この「潜在意識の働き」という仮説だけでは、「以心伝心」といった、空間を超えて心と心が直接に繋がったような現象や、「未来の記憶」といった、時間を超えて未来が見えるような現象については、うまく説明できないのも事実です。

そこで、一九七〇年代から注目されてきたのが、ユング心理学の「集合的無意識」の概念を拡張した、「トランスパーソナル心理学」(超個心理学)が提唱する仮説です。

これは、人間の心は深いレベルで互いに繋がっているという仮説であり、空間を超えて心と心が直接に繋がったような現象を説明することはできます。

しかし、この仮説では、時間を超えて未来が見えるような現象については、うまく説明できません。

そこで、近年、注目を集めているのが、
アーヴィン・ラズローが提唱する「アカシック・フィールド仮説」や、
リン・マクタガートなどが提唱する「ゼロポイント・フィールド仮説」です。

これは、この宇宙に遍在する「量子真空」(quantum vacuum)に、
時空を超えて、すべての情報が記録・記憶されているという仮説です。

この「量子真空」とは、現代科学の最先端で研究されているものであり、
現代の最先端宇宙論では、この宇宙そのものが、
一三八億年前に、この「量子真空」から誕生したとされています。

「アカシック・フィールド仮説」や「ゼロポイント・フィールド仮説」は、
我々の深層意識が、何かのプロセスによって、

この「量子真空」のフィールドにつながり、時空を超えた情報に触れ、
それが、時間を超えて未来が見えるような現象、
すなわち、「予感」や「予知」という現象を生み出すという仮説です。
この仮説については、拙著『運気を磨く』（光文社新書）で詳述しましたが、
この仮説を用いれば、我々の人生において起こる
直観の閃きや未来の予感、コンステレーションによる暗示や、
シンクロニシティによる導き、そして、運気の引き寄せといった
不思議な出来事についても、それなりに説明ができます。

それゆえ、もし、今後、この「量子真空」についての科学的研究が進み、
この「アカシック・フィールド仮説」や「ゼロポイント・フィールド仮説」が
実証されることがあるならば、
それは、現代の最先端の科学的理論と数千年の歴史を持つ宗教的教養とが、
融合していくことをも意味しています。

例えば、この科学と宗教の融合という意味では、

現代の最先端宇宙論が明らかにした
「この宇宙は、量子真空から生まれた」という理論と、
仏教の経典『般若心経』で語られる「色即是空、空即是色」の思想とは、
不思議なことに、同じことを述べています。

いや、さらに言えば、やはり現代の最先端科学が明らかにした
「この宇宙は、量子真空が揺らいだことによって生まれ、
最初、急速に膨張し、インフレーション宇宙が誕生し、
その直後、急激な爆発によってビッグバン宇宙が誕生した。
そして、その宇宙誕生の初期、宇宙は、光子（フォトン）で満たされた」
という理論と、
キリスト教の『旧約聖書』、創世記第一章に書かれている、
「初めに、光あれ」という天地創造の物語もまた、
不思議なことに、同じことを述べています。

こうした科学の最先端理論と宗教の伝統的教義の一致は、

単なる偶然なのでしょうか。

また、こうした科学と宗教の一致という意味では、
仏教においては、人間の心の深層には、
「阿頼耶識」と呼ばれるものがあり、
そこには、永遠の過去からの、すべての記憶が蔵されていると言われます。

これもまた、科学の最先端の「アカシック・フィールド仮説」や
「ゼロポイント・フィールド仮説」において語られる、
「この宇宙において起こったことのすべての情報が、
量子真空の中に記録されている」という仮説と、
不思議な一致を示しています。

心が「深い世界」と繋がる条件

しかし、こうした様々な仮説を述べても、

それは、現在のところ、まだ多くの批判もある仮説にすぎず、
なぜ、我々の人生において、
直観の閃きや未来の予感、コンステレーションによる暗示、
シンクロニシティによる導き、そして、運気の引き寄せといった
不思議なことが起こるのか、
その本当の理由は、分かりません。

ただ、もし、こうした不思議なことが起こる原因が、
集合的無意識やトランスパーソナル的無意識、さらには、
量子真空のフィールドと繋がる深層意識のレベルにあるならば、
では、いかなる「心の状態」において、その深層意識のレベルが
こうした深い世界と繋がるのか。

そのことについては、これまで、様々な宗教的技法の教義において、
また、潜在意識や深層意識に関する古今東西の文献において、
一つ、共通のことが述べられています。

「負の想念」を持たないこと

それが、深層意識のレベルが深い世界と繋がるための、不可欠の条件であると述べられています。

逆に言えば、
我々が心の中に、
怒りや憎しみ、悲しみや嘆き、後悔や自責、不安や恐怖といった強い「負の想念」を持つと、
深層意識のレベルが深い世界と繋がることを妨げてしまい、
我々の心の奥深くに眠る能力は発揮できないのです。

そのため、直観の閃きや未来の予感、コンステレーションによる暗示、シンクロニシティによる導き、そして、運気の引き寄せといったことは起こらないのです。

特に、辛い逆境に置かれたとき、我々の心には、
「これは、自分に定められた不幸な運命なのだろうか……」
「これは、自分の運気が悪くなっているからだろうか……」
「これは、自分の悪しき行いが招いた罰なのだろうか……」

といった強い「負の想念」が渦巻き、それが、
我々の中に眠る力と叡智の発揮を、甚だしく妨げてしまいます。

「負の想念」が消えていく究極の技法

では、どうすれば、我々は、
自分の心の中から「負の想念」を払拭し、
心を「正の想念」で満たすことができるのか。

それが、本書で語り続けた、究極の「こころの技法」です。

「すべては導かれている」という覚悟を定めること

それが、最も優れた究極の技法です。

では、なぜ、「すべては導かれている」という覚悟を定めると、
心の中が「正の想念」で満たされるのか。

なぜなら、
「すべては導かれている」という思想は、
「すべてを肯定する」という思想だからです。

言葉を換えれば、
「すべては導かれている」という思想には、
そもそも、「良きこと」と「悪しきこと」という分離が無いのです。

なぜなら、「すべては導かれている」という思想は、
「悪しきこと」と思える出来事も、実は「良きこと」である
との思想だからです。

我々の人生は、大いなる何かに導かれている。
そして、その大いなる何かは、
我々に、素晴らしい人生を送らせようとしている。

それゆえ、我々の人生において起こる
不運な出来事や不幸な出来事と思えることは、
実は、我々に大切なことを教えてくれる出来事であり、
我々を成長させてくれる、有り難い出来事である。

そう考える思想、それが、「すべては導かれている」の思想です。

このように、

「すべては導かれている」という思想は、
「すべてを肯定する」という思想であり、
「悪しきこと」と思える出来事も、実は「良きこと」である
との思想であるため、
そこには、そもそも、「負の想念」というものが無いのです。

しかし、我々は、通常の意識の中では、
人生というものを、

「幸運と不運」「幸福と不幸」

「安楽と苦労」「順調と困難」

「成功と失敗」「勝利と敗北」

「達成と挫折」「獲得と喪失」

「健康と病気」「安全と事故」

という形で、「良きこと」と「悪しきこと」という二つに分け、
自分の人生において「良きこと」のみが起こることを願い、

「悪しきこと」が起こらないよう願い続けます。

しかし、こうした「良きこと」と「悪しきこと」を分離し、対立的に捉える
「分離・対立の思想」を抱くかぎり、
我々の人生における、
怒りや憎しみ、悲しみや嘆き、後悔や自責、不安や恐怖は、
決して無くならないのです。

すべてを肯定する思想

私自身、三八年前の生死の体験においては、
当初、病に対する後悔や自責、不安や恐怖という
「負の想念」が心の中を支配し、
自らの中に眠る生命力を、発揮することができませんでした。

しかし、あの禅師の言葉によって、
「いまを生き切る」という覚悟を定め、

「今日という一日を、精一杯に生きよう。そして、
今日という一日、与えられた出来事を通じて、成長していこう」

という覚悟を定めたとき、
一つの思いが心に浮かび上がってきたのです。

それは、

我々の人生においては、
不運も不幸も無い。
罪も罰も無い。
一つとして悪しきことは無い。

すべては導かれている。

その思いでした。

そして、そう思い定めたとき、私の心から、「負の想念」が消えたのです。

たしかに、
我々が、人生におけるすべての出来事を、
たとえそれが、不運に思える出来事、
不幸に思える出来事であったとしても、
我々に大切なことを教えてくれる、有り難い出来事であり、
我々を成長させてくれる、感謝すべき出来事であると思い定めるならば、
人生において「悪しきこと」は、一つもないのです。

そのことに気がついたとき、私の心から「負の想念」が消えていったのです。

そして、そのとき、一つの覚悟が定まりました。

人生を、すべて肯定する

その覚悟が定まったのです。

そして、人生において、何かの逆境に直面するとき、
必ず、心の中で、次の言葉を唱えるようになったのです。

人生で起こること、すべて良きこと
すべては導かれている

すると、そのときから、
心の奥深くに眠る、不思議な力と叡智が、湧き上がり始めたのです。
人生において、不思議なことが、起こり始めたのです。

その不思議な力と叡智は、あなたの中にも、眠っています。

そして、その不思議なことは、あなたにも、起こります。

おわりに

あなたは、すでに、逆境を越えている

覚悟の奥にあるべきもの

さて、本書の最後がやってきました。
本書をここまで読まれて、あなたは、何を感じられたでしょうか。
もし、本書を読まれて、何かの希望を感じられたのであれば、幸いです。
もし、疑問を感じられたならば、どうか、その疑問を大切にしてください。
目の前の逆境に、どう向き合うか、人生の岐路で、どう道を選ぶか。
そのかけがえのない人生を歩まれるのは、やはり、あなた自身なのですから。

あなたが、その逆境を越え、人生を拓かれることを祈りながら、
いま、私が、あなたに語って差し上げられることは、
私自身が、様々な逆境と岐路が与えられた人生において学んだ一つのこと、
私自身が、このささやかな人生で学ぶことのできた、ただ一つのことです。

それが、いかなる逆境であっても、
「すべては導かれている」という覚悟を定めるならば、
その瞬間から、
我々の心の奥深くから、不思議な力と叡智が、湧き上がり始めます。
我々の人生において、不思議なことが、起こり始めます。

その一つのことをお伝えしたいと思い、本書の筆を執りました。

しかし、もし、あなたが、
「すべては導かれている」という覚悟を定めようと思うならば、
「人生をすべて肯定する」という覚悟を持たねばなりません。

しかし、「人生をすべて肯定する」ためには、
一つ、深く求められることがあります。

それは、何か。

「死」を見つめることです。

「死」を見つめることなしに、
本当の意味で「人生をすべて肯定する」ことはできません。

人生の「三つの真実」

かつて、第二次世界大戦において、ナチスの迫害を受け、
強制収容所に投げ込まれ、家族を殺され、
自身も生死の境から奇跡的に生還した、

実存主義心理学者、ヴィクトール・フランクルが、
その過酷な体験を踏まえ、一冊の書を著しました。

『それでも人生にイエスと言う』

その著書の題名通り、フランクルは、
想像を絶する過酷な体験が与えられた人生に対しても、
その人生をすべて肯定する覚悟を摑みました。

その背景には、強制収容所における、
「死」を見つめる日々の体験があります。

では、「死を見つめる」とは、何か。

それは、人生の「三つの真実」を直視することです。

人は、必ず、死ぬ。
人生は、一度しかない。
人は、いつ死ぬか、分からない。

その「三つの真実」を直視することです。

されど、それは、
誰も、否定することのできない真実であり、
誰もが、知っている真実でありながら、
誰もが、それを直視しようとはしない真実です。

しかし、もし、あなたが、勇気を持ち、
その「三つの真実」を直視するならば、

人生をすべて肯定する覚悟を、摑むことができます。

それは、なぜか。

なぜ、我々の人生は輝くのか

第一の真実、

人は、必ず、死ぬ。

そのことを、多くの人は、
「悲しい出来事」「否定的な出来事」と思っています。

人生というものを、「生」と「死」の二つに分け、
「生」を、喜ぶべきもの、肯定的なものと考え、
「死」は、悲しむべきもの、否定的なものと思っています。

しかし、本当に、そうでしょうか。
むしろ、真実は、逆ではないか。

「死」があるから、「生」が輝く。

実は、それが、人生の真実ではないでしょうか。

もし、我々が、永遠の命を与えられたら、
この目の前の世界は、これほど輝いて見えるでしょうか。

歳を重ね、老境を迎え、秋の紅葉を見るとき、
「あと何回、この紅葉を見ることができるだろうか」との思いが、
ふと、心に浮かびます。
そして、その思いがあるからこそ、目の前の紅葉の風景が、
光り輝いて見える、心に染み入る。

どれほど幸せな家族との団欒、
どれほど楽しい友人との歓談のひとときが与えられても、
いつか、その出会いにも、終りがやってくる。
だから、そのひとときが、光り輝いて見える、心に染み入る。

そうであるならば、

「死」があるから、「生」が輝く。

「死」があるから、人生で与えられた、すべての一瞬が、
有り難い一瞬であり、奇跡のような一瞬であることに気がつく。
そして、かけがえのない「永遠の一瞬」であることに気がつく。

もし、その真実に気がつくならば、
我々の人生における「死」もまた、決して「否定的な出来事」ではない。
この「生」を輝かせてくれる、「意味のある出来事」に他ならない。

そのことに気がついたとき、我々は、
「死」も含めた、人生のすべてを、肯定することができるのでしょう。
そして、人生のすべてを、感謝の思いで見つめることができるのでしょう。

「自分の人生」という作品

第二の真実、

人生は、一度しかない。

そうであるならば、
いかなる人生が与えられても、
その人生は、自分だけに与えられた、かけがえのない人生。

それは、ただ一度だけ、この世界に生まれてくる、
「自分の人生」という、かけがえのない作品。

そうであるならば、
どのような人生が与えられても、
我々は、その人生すべてを、愛すべきでしょう。
慈しみ、抱きしめるように、生きるべきでしょう。
感謝の心を抱き、精一杯の思いで、生き切るべきでしょう。

だから、あなたに伝えたいのです。

あなたも、そのかけがえのない人生を、愛して欲しい。
それが、どのような人生であっても、
慈しみ、抱きしめるように、生きて欲しい。

たった一度の人生なのですから。

明日、人生が終わりになるなら

第三の真実、

人は、いつ死ぬか、分からない。

たしかに、それは、人生の真実。

この人生には、必ず、終わりがやってきます。
そして、この人生は、いつ終わるか分からない。

では、もし、
明日、自分の人生が終わるかもしれないならば、
我々は、今日という一日を、いかなる覚悟で生きるべきか。

その覚悟を教えてくれる言葉があります。

たとえ明日、
世界が終わりになろうとも、
私は、林檎の木を植える。

キリスト教の改革者、マルティン・ルターの言葉です。

それは、林檎の木だけではない。
この世界のすべての生命が、
与えられた環境の中で、
精一杯に生き、成長しようとしている。
どれほど過酷な境遇が与えられても、
その生命が尽きる最後の瞬間まで、
成長していこうとしている。

そして、その最後の瞬間まで、
生命の輝きを放っている。

だから、このルターの言葉は、次のようにも読める言葉です。

たとえ明日、
この人生が終わりになろうとも、
私は、与えられた今日という一日、
力を尽くして歩み、成長していく。

そして、この言葉を、生きる覚悟として定めた瞬間に、
「人は、いつ死ぬか、分からない」という、否定的に見える人生の真実が、
不思議なことに、我々の心の中から、
「今日という一日を輝いて生きよう」という思いと、
「今日という一日、成長していこう」という思いを引き出してくれるのです。
我々の心の中から、限りない「成長への意欲」を引き出してくれるのです。

そして、この限りない「成長への意欲」が、
人生をすべて肯定する力となっていく。

なぜなら、人生において、
どれほど不運や不幸に思える出来事が与えられても、
それらの出来事を、すべて、成長の糧として歩むならば、
我々は、いつか、

「あの出来事があったからこそ、一人の人間として成長できた」
「あの出来事があったからこそ、成長の道を歩むことができた」

と語れるようになるからです。

そして、その道を歩み続けるならば、いつか、

「人生で起こること、すべて良きこと」

と語れるようになるからです。

この「三つの真実」、

人は、必ず、死ぬ。
人生は、一度しかない。
人は、いつ死ぬか、分からない。

この真実を、勇気を持って直視するならば、
あなたは、心の最も奥深くで、
「人生をすべて肯定する」という覚悟が定まるでしょう。
「すべては導かれている」という覚悟が定まるでしょう。

そして、人生において、いかなる逆境が与えられても、
ひとたび、その覚悟を定めるならば、

すでに、あなたは、その逆境を越えているのです。

目の前に、たしかに、その逆境はある。
しかし、心は、すでに、その逆境を、逆境と見ていない。

それは、あなたの、かけがえのない人生の
かけがえのない出来事であり、
あなたの人生だけに与えられた
深い意味のある出来事であると思い、見つめている。

そのとき、あなたは、すでに、逆境を越えているのです。

あなたの心は、すでに、逆境を越えているのです。

そして、あなたは、本当に、その逆境を越えていくでしょう。

もし、あなたが、勇気を持って「死」を見つめ、
「いまを生き切る」という覚悟を定め、
「すべては導かれている」ということを深く信じ、

「自分の人生は、大いなる何かに導かれている」
「人生で起こること、すべて、深い意味がある」
「人生における問題、すべて、自分に原因がある」
「大いなる何かが、自分を育てようとしている」
「逆境を越える叡智は、すべて、与えられる」

その「五つの覚悟」を定めるならば、
あなたの心の奥深くから、不思議な力と叡智が湧き上がってくる。
あなたの人生を導く、不思議な何かが動き出す。
その力と叡智と導きによって、あなたは、いかなる逆境も越え、
人生を拓いていくでしょう。

そのことを信じ、歩んで頂きたい。

だから、最後に、もう一度、大切なことを伝えたいのです。

人生には、人智で理解できない、不思議な何かがある。

そして、我々の心の奥深くには、不思議な力と叡智が眠っている。

そのことを、あなたに伝えたい。

その「不思議な何か」は、
必ず、あなたを導いています。

そして、その「不思議な力と叡智」は、
あなたの中にも、眠っています。
必ず、眠っています。

だから、
この筆を置く、その最後に、
祈ります。

「すべては導かれている」という覚悟を定め、
人生を歩まれることを。

そして、いつの日か、
そのかけがえのない人生を振り返り、
与えられた様々な逆境を振り返り、
こう語られることを。

あの逆境があったからこそ、人間として成長できた。

あの逆境があったからこそ、輝いて生きることができた。
あの逆境があったからこそ、人生の不思議を知ることができた。
その逆境のすべてを含め、有り難い人生であった。
素晴らしい人生であった。

いつの日か、
あなたが、そう語られることを、
祈っています。

謝辞

最初に、小学館出版局の編集長、下山明子さんに、感謝します。

下山さんとは、初めての作品ですが、これまで小生が公に語らなかった

不思議な体験を書かせて頂いた本となりました。

そして、この本の文庫化をご提案頂いたＰＨＰ研究所の編集長、

中村悠志さんに、感謝します。

小生の著書を世に広めたいとのお気持ち、有り難く。

また、二二年の歳月を共に歩んできた仕事のパートナー、

藤沢久美さんに、感謝します。

この歳月、色々な苦労や困難が与えられましたが、いま振り返れば、

そのすべてが、懐かしく、導かれていたと感じます。

そして、いつも温かく執筆を見守り、仕事を支えてくれる家族、

須美子、誓野、友に、感謝します。

窓の外に広がる原生林の彼方に、雄大な富士が聳え立っています。

森から吹いてくる風は、新年への希望を運んでくれます。

この素晴らしい自然に囲まれ、導かれながら使命の仕事に取り組めること、有り難い人生と思います。


最後に、すでに他界した父母に、本書を捧げます。

お二人が、その後姿で教えて下さったこと、それは、

「人生は、不思議な力に導かれている」ということでした。


多くの逆境の中、人生を歩まれたお二人でしたが、

「すべての苦労や困難が、我々を成長させてくれる有り難い機会である」

そう思い定めて歩まれる姿が、私に、大切な覚悟を教えてくれました。

その覚悟が、いま、一筋の使命の道を歩む、私の力となっています。

二〇二一年一二月一八日

田坂広志

さらに学びを深めたい読者のために
―自著による読書案内―

本書で語った「すべては導かれている」というテーマを、さらに深く学びたいと思われる読者には、拙著ながら、次の五冊の本を読まれることを勧めたい。

『運気を磨く』（光文社新書）

この著書は、世の中の多くの人々が体験する、直観の閃きや未来の予感、コンステレーションによる暗示やシンクロニシティによる導き、そして、運気の引き寄せといった「不思議な出来事」が起こる理由を、量子真空物理学やホログラム論、量子脳理論や時空連続体論などの最先端科学に基づいた「ゼロポイント・フィールド仮説」によって説明している。

また、この著書は、古今東西で語られてきた従来の「運気論」の盲点についても述べている。すなわち、これまでの「運気論」は、いずれも、「ポジティブな想念を持てば、良い運気を引き寄せる」と語っているが、実は、心の無意識の世界まで「ポジティブな想念」で満たすことは極めて難しい。その理由は、「心の双極性」という厄介な性質にあるが、この著書では、この厄介な問題を超え、無意識の世界を含めて、心を「ポジティブな想念」で満たすための技法として、次の三つの「こころの技法」を語っている。

第一　「無意識のネガティブな想念」を浄化していく技法
第二　「人生でのネガティブな体験」を陽転していく技法
第三　「究極のポジティブな人生観」を体得していく技法

『運気を引き寄せるリーダー　七つの心得』（光文社新書）

この著書は、『運気を磨く』の続編であるが、従来の「運気論」の限界を超えた新たな「運気論」として、①最先端の量子科学、②最前線の超個心理学、③心の浄化の具体的技法、④深い人生観と死生観、⑤科学的技法としての祈り、という五つの特長に基づいた「二一世紀の運気論」を提示している。特に、従来、「宗教的技法」とされてきた「祈り」について、良い運気を引き寄せ、才能を開花させ、生命力を横溢させる「科学的技法」として位置づけ、その実践方法を語っている。

また、この著書では、「運気を引き寄せるリーダー」になるための心得として、次の「七つの心得」を述べている。

第一　目の前の危機や逆境を、「絶対肯定の想念」で見つめる
第二　危機や逆境のときこそ、「死」を見つめ、「死生観」を定める
第三　人生は「大いなる何か」に導かれているとの「信」を定める
第四　リーダーの無意識はメンバーの無意識に伝わることを覚悟する
第五　危機や逆境のときこそ、メンバーに「使命感」や「志」を語る
第六　「大いなる何か」の導きは、「一直線」ではないことを知る
第七　「何気ない出来事」に起こる、「不思議な偶然」に注意を向ける

『人生で起こること　すべて良きこと』（PHP研究所）
『逆境を越える「こころの技法」』（同書のPHP文庫版）

この著書は、様々な逆境が与えられる人生において、「究極のポジティブな想念」を、いかにして身につけるかについて、対話形式で語っている。

特に、この著書では、筆者が三八年前に与えられた「生死の大病」の体験を紹介し、そこで、どのような「死生観」を定めたかを語っている。そして、なぜ「死生

観」を定めると、想像を超えた生命力が湧き上がり、眠っていた才能が開花し、不思議なほど良い運気を引き寄せるかについて、その理由を述べている。

『未来を拓く君たちへ』（PHP文庫）

本書の最後では、「すべては導かれている」との覚悟を定めるために、「死」を見つめることの大切さを語ったが、この著書では、いかにして「死」を見つめるか、「死」を見つめることによって何が起こるかを語った。

また、『運気を引き寄せるリーダー　七つの心得』では、「使命感」や「志」を抱いた人物は、不思議なほど良い運気を引き寄せることを述べたが、この著書では、なぜ、我々は「使命感」や「志」を抱いて生きるのかについて、宇宙観や自然観、歴史観や世界観、人間観や人生観、労働観や死生観を交え、全編を「詩的メッセージ」の形式で語っている。そして、我々が「使命感」や「志」を抱いて生きるとき、①悔いの無い人生、②満たされた人生、③香りのある人生、④大いなる人生、⑤成長し続ける人生、という「五つの人生」が与えられることを述べている。

この著書は、英語とスペイン語にも翻訳され、世界中で読まれている著書でもある。

「人生」を語る

『未来を拓く君たちへ』(PHP研究所)
『人生の成功とは何か』(PHP研究所)
『人生で起こること　すべて良きこと』(PHP研究所)
『逆境を越える「こころの技法」』(PHP研究所)
『すべては導かれている』(小学館、PHP研究所)
『運気を磨く』(光文社)

「仕事」を語る

『仕事の思想』(PHP研究所)
『なぜ、働くのか』(PHP研究所)
『仕事の報酬とは何か』(PHP研究所)

「成長」を語る

『知性を磨く』(光文社)　『人間を磨く』(光文社)
『直観を磨く』(講談社)　『能力を磨く』(日本実業出版社)
『人は、誰もが「多重人格」』(光文社)
『なぜ、優秀な人ほど成長が止まるのか』(ダイヤモンド社)
『成長し続けるための77の言葉』(PHP研究所)
『知的プロフェッショナルへの戦略』(講談社)
『プロフェッショナル進化論』(PHP研究所)

「技法」を語る

『なぜ、時間を生かせないのか』(PHP研究所)
『仕事の技法』(講談社)
『意思決定 12の心得』(PHP研究所)
『経営者が語るべき「言霊」とは何か』(東洋経済新報社)
『ダボス会議に見る世界のトップリーダーの話術』(東洋経済新報社)
『企画力』(PHP研究所)　『営業力』(ダイヤモンド社)

主要著書

「思想」を語る

『生命論パラダイムの時代』(ダイヤモンド社)
『まず、世界観を変えよ』(英治出版)
『複雑系の知』(講談社)
『ガイアの思想』(生産性出版)
『使える弁証法』(東洋経済新報社)
『叡智の風』(IBCパブリッシング)
『深く考える力』(PHP研究所)

「未来」を語る

『未来を予見する「5つの法則」』(光文社)
『目に見えない資本主義』(東洋経済新報社)
『これから何が起こるのか』(PHP研究所)
『これから知識社会で何が起こるのか』(東洋経済新報社)
『これから日本市場で何が起こるのか』(東洋経済新報社)

「経営」を語る

『複雑系の経営』(東洋経済新報社)
『暗黙知の経営』(徳間書店)
『なぜ、マネジメントが壁に突き当たるのか』(PHP研究所)
『なぜ、我々はマネジメントの道を歩むのか』(PHP研究所)
『こころのマネジメント』(東洋経済新報社)
『ひとりのメールが職場を変える』(英治出版)
『まず、戦略思考を変えよ』(ダイヤモンド社)
『これから市場戦略はどう変わるのか』(ダイヤモンド社)
『運気を引き寄せるリーダー　7つの心得』(光文社)

著者情報

田坂塾への入塾

思想、ビジョン、志、戦略、戦術、技術、人間力という
「7つの知性」を垂直統合した
「21世紀の変革リーダー」への成長をめざす場
「田坂塾」への入塾を希望される方は
下記のサイト、もしくは、メールアドレスへ

http://hiroshitasaka.jp/tasakajuku/
(「田坂塾」で検索を)
tasakajuku@hiroshitasaka.jp

田坂塾大学への訪問

田坂広志の過去の著作や著書、講演や講話をアーカイブした
「田坂塾大学」は、広く一般に公開されています。訪問は、下記より

http://hiroshitasaka.jp/tasakajuku/college/
(「田坂塾大学」で検索を)

「風の便り」の配信

著者の定期メール「風の便り」の配信を希望される方は
下記「未来からの風フォーラム」のサイトへ

http://www.hiroshitasaka.jp
(「未来からの風」で検索を)

講演やラジオ番組の視聴

著者の講演やラジオ番組を視聴されたい方は
「田坂広志　公式チャンネル」のサイトへ
(「田坂広志　YouTube」で検索を)

著者略歴

田坂広志（たさかひろし）

1951年生まれ。1974年、東京大学工学部卒業。
1981年、東京大学大学院修了。工学博士（原子力工学）。
同年、民間企業入社。
1987年、米国シンクタンク、バテル記念研究所客員研究員。
同年、米国パシフィック・ノースウェスト国立研究所客員研究員。
1990年、日本総合研究所の設立に参画。
10年間に、延べ702社とともに、20の異業種コンソーシアムを設立。
ベンチャー企業育成と新事業開発を通じて
民間主導による新産業創造に取り組む。
取締役・創発戦略センター所長等を歴任。現在、同研究所フェロー。
2000年、多摩大学大学院教授に就任。社会起業家論を開講。現名誉教授。
同年、２１世紀の知のパラダイム転換をめざす
シンクタンク・ソフィアバンクを設立。代表に就任。
2005年、米国ジャパン・ソサエティより、日米イノベーターに選ばれる。
2008年、ダボス会議を主催する世界経済フォーラムの
Global Agenda Councilのメンバーに就任。
2009年より、ＴＥＤメンバーとして、毎年、ＴＥＤ会議に出席。
2010年、ダライ・ラマ法王14世、デズモンド・ツツ元大主教、
ムハマド・ユヌス博士、ミハイル・ゴルバチョフ元大統領ら、
４人のノーベル平和賞受賞者が名誉会員を務める
世界賢人会議・ブダペストクラブの日本代表に就任。
2011年、東日本大震災と福島原発事故に伴い、内閣官房参与に就任。
2013年、思想、ビジョン、志、戦略、戦術、技術、人間力という
「７つの知性」を垂直統合した
「２１世紀の変革リーダー」への成長をめざす場、「田坂塾」を開塾。
現在、全国から7200名を超える経営者やリーダーが集まっている。
2021年、田坂広志の過去の著作や著書、講演や講話をアーカイブした
「田坂塾大学」を開学。広く一般に公開している。
著書は、国内外で90冊余。海外でも旺盛な出版・講演活動を行っている。

本書をお読み頂き、有り難うございました。
このご縁に感謝いたします。

お時間があれば、
本書の感想や著者へのメッセージを、
お送り頂ければ幸いです。

下記の個人アドレスか、ＱＲコードから、
メッセージを、お送りください。

小生が、直接、拝読いたします。

田坂広志　拝

tasaka@hiroshitasaka.jp

この作品は、2017年12月に小学館より刊行された、
同タイトルの書籍に、加筆、修正をしたものです。

PHP文庫　すべては導かれている
逆境を越え、人生を拓く　五つの覚悟

2022年2月15日　第1版第1刷
2024年11月1日　第1版第19刷

著　者　田坂広志
発行者　永田貴之
発行所　株式会社PHP研究所
東京本部　〒135-8137 江東区豊洲5-6-52
ビジネス・教養出版部　☎03-3520-9617（編集）
普及部　☎03-3520-9630（販売）
京都本部　〒601-8411 京都市南区西九条北ノ内町11
PHP INTERFACE　https://www.php.co.jp/

組　版　有限会社エヴリ・シンク
印刷所　大日本印刷株式会社
製本所　東京美術紙工協業組合

ISBN978-4-569-90195-4

田坂広志の本

逆境を越える「こころの技法」

田坂広志 著

困難を乗り越え、満足する人生を送るためのヒントをアドバイス。50のシンプルな言葉から人生の岐路で必要な思想のエッセンスを学ぶ。